HORROR
WORDSEARCH

HORROR WORDSEARCH

HORRIFICALLY Good Puzzles

SIRIUS

SIRIUS

This edition published in 2024 by Sirius Publishing, a division of
Arcturus Publishing Limited,
26/27 Bickels Yard, 151–153 Bermondsey Street,
London SE1 3HA

ISBN: 978-1-3988-4458-2
AD012219NT

Printed in China

Contents

1 Scream

DAVID <u>ARQUETTE</u>	<u>MURDER</u>
<u>CALIFORNIA</u>	SIDNEY <u>PRESCOTT</u>
NEVE <u>CAMPBELL</u>	<u>REVENGE</u>
<u>CORPSE</u>	<u>SCHOOL</u>
COURTENEY <u>COX</u>	<u>SHOOT</u>
WES <u>CRAVEN</u>	<u>SLASHER</u>
<u>JEALOUSY</u>	<u>TELEPHONE</u>
<u>KNIFE</u>	GALE <u>WEATHERS</u>
BILLY <u>LOOMIS</u>	<u>WOODSBORO</u>

```
B V T C Y S H E F I N K D
W C N M A P R E S C O T T
M O I H L L V E U U N C U
Y X E Y S V I N H T O R C
A E S W O M S F L T Y A A
L I N L I V A L O O A V B
Y S U O L A E J R R Y E S
T K E P H B R O T Y N N W
W G V G P P B Q M O T I R
C L R M N S E I U H O E A
O U A T D E F L D E H H T
R C T O K A V W E S T H S
P L O O H C S E A T P T D
S W W T O V E L R T D U E
E L O O M I S M U R D E R
```

Z   Zombies!

CORPSE	REVENANT
FOLKLORE	ROAMING
FREAK	SHAMAN
HAITI	SLOW MOVING
INFECT	SOUL
MOANING	VIRUS
MONSTER	VOODOO
MUTANT	WAILING
PLAGUE	WALK

```
F P L N T G E N R Y B P H
R T V P N M N C V C U G Y
E K O D A T E I B A N M M
A T O O T T N C M I O L H
K V D Y U K N A L A G M U
S L O W M O V I N G O M F
N N O V D O A I A E M R E
L L A N I W N E O R V U F
C U D M D G R S K Y G E S
L M O F A O F R T A N U R
R A V S L H E Y L E R F K
A K D K V A S P G I R U V
K W L K V I C R V W E F G
F O D A K T M T C E F N I
F H K S W I C O R P S E R
```

3   The Masque of the Red Death
by Edgar Allan Poe – Part One (excerpt)

The "Red Death" had long <u>devastated</u> the country. No <u>pestilence</u> had ever been so <u>fatal</u>, or so <u>hideous</u>. <u>Blood</u> was its <u>Avator</u> and its <u>seal</u>—the redness and the <u>horror</u> of blood. There were sharp pains, and <u>sudden</u> dizziness, and then profuse bleeding at the <u>pores</u>, with dissolution. The scarlet <u>stains</u> upon the <u>body</u> and especially upon the <u>face</u> of the <u>victim</u>, were the pest <u>ban</u> which shut him out from the <u>aid</u> and from the <u>sympathy</u> of his fellow-men. And the whole <u>seizure</u>, progress and termination of the <u>disease</u>, were the incidents of half an <u>hour</u>.

But the <u>Prince</u> Prospero was <u>happy</u> and dauntless and sagacious. <u>When</u> his dominions were <u>half</u> depopulated, he summoned to his presence a thousand <u>hale</u> and light-hearted <u>friends</u> from among the <u>knights</u> and dames of his court… The external <u>world</u> could take <u>care</u> of itself. In the meantime it was <u>folly</u> to grieve, or to think. The prince had provided all the <u>appliances</u> of <u>pleasure</u>…

4 Novels by Stephen King

'SALEM'S LOT

APT PUPIL

BLACK HOUSE

CARRIE

CELL

CHRISTINE

CUJO

DESPERATION

DOCTOR SLEEP

DREAMCATCHER

DUMA KEY

INSOMNIA

MISERY

MR MERCEDES

REVIVAL

THE MIST

THE SHINING

THE STAND

```
M F M F A P T O R T K D L
L S I C N I J S O P O S D
I U S H H U N L I C K W B
P D E M C R S M T M A F D
U O R D R M I O O R E R N
P T Y E E M R S Y S E H A
T U S L A S E E T V N L T
P S A M L M K R I I I S
A S B E D A C V C U N O E
P C E U M T A A L E B E H
L P W U G L V E T Y D N T
R L D C A R R I E C F E S
T H E S H I N I N G H P S
B L A C K H O U S E F E M
N N O I T A R E P S E D R
```

5 Japanese Horror

BATTLE ROYALE	NOROI: THE CURSE
BLIND BEAST	OLDBOY
COLD FISH	ONE MISSED CALL
DARK WATER	PARASYTE
GEMINI	PULSE
KOTOKO	SAMURAI REINCARNATION
KWAIDAN	SHUTTER
MATANGO	THE COMPLEX
MEATBALL MACHINE	VAMPIRE HUNTER

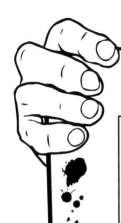

```
R T C F T W F P M P D C G
Y K Y O B D L O H A N T K
L H U V K O V F S R I I G
F K R E T A W U I A L U Y
H W Y W M V O A F S B D V
O Y M P F O R E D Y L H K
S W I A B U T N L T W G W
R R D T M L W O O E V L A
E U E A M M I R C C O L I
T P S F C A I O N B U A D
T U S M N N T I L A W B A
U L I W I E L A Y O R T N
H S M M C P Y N N E Y A M
S E E O K O T O K G F E U
D G X E L P M O C C O M H
```

Dracula
by Bram Stoker

BLOOD	MINA MURRAY
BUDAPEST	ROMANIA
COFFIN	JOHN SEWARD
COUNT	STAKE
FANGS	SUNLIGHT
GARLIC	TRANSYLVANIA
GOTHIC	VAMPIRE
JONATHAN HARKER	WHITBY
QUINCEY MORRIS	WOLF

```
H W O A T H G I L N U S T
M O R R I S Y I L T D V G
I R R O M A N I A H A C M
T R G C I H T O G I I D U
L E H B L N H T L B N F R
C K I I U F V L O H A N R
O R D O O L B I G N V O A
F A C N E O H C G A L B Y
F H U K L W A S M V Y U L
I B A A H W G P W W S D A
N T K I T C I L A H N A R
S O T L D R A W E S A P K
B B O T E H M N F I R E B
Y W I F K L B H L U T S O
L I G A R L I C U W L T F
```

7   Blumhouse Productions

BOOKS

CALIFORNIA

COMPANY

FREAKY

GET OUT

HALLOWEEN

HAUNTED HOUSE

HORROR

MOVIE

SINISTER

SPLIT

TELEVISION

TERROR TRAM

THE BLACK PHONE

THE PURGE

THE RIVER

UNIVERSAL

VIDEO GAMES

```
E E C E B W M N A E L I D
G R L S H S C O M P A N Y
R T D U K T P N V A S A S
U H Y O R M E S W I R W E
P E O H G E P L N Y E Y M
E B T D N L V N O D V K A
H L H E I E G I K C I A G
T A O T R T E H R N N E O
L C R N A R T W D E U R E
S K R U E L O N O E H F D
F P O A L V U R V L L T I
D H R H H I T O T L L R V
E O S I N I S T E R M A U
U N A I N R O F I L A C H
T E L E V I S I O N M M H
```

19

8 Clive Barker Stories and Novels

ABARAT

ABSOLUTE MIDNIGHT

ANIMAL LIFE

CABAL

COMING TO GRIEF

DEEP HILL

GALILEE

HAECKEL'S TALE

IMAJICA

LOST SOULS

MISTER B. GONE

PIDGIN AND THERESA

THE DAMNATION GAME

THE HELLBOUND HEART

THE INFERNAL PARADE

THE SCARLET GOSPELS

THE THIEF OF ALWAYS

TORTURED SOULS

```
W L G E L N D T T L F R I
L A V O D E R U T R O T M
L M N I E Y G C T P A Y E
I I C M U G U H A A W E I
H N L A D N I V A B L A H
P A O J S E V B I I A H M
E K P I F M S B L T A L I
E T A C T V V A W E B R D
D S S A V A G R C B D F N
E C E L V K N K E B E S I
T A R A B A E M A T O L G
K R E V T L I W A U S R H
W L H U S N L Y L D I I T
N E T T D R I S G E L R M
M T B L A N R E F N I K T
```

9 Heroes

ANDY BARCLAY

DR MILES BENNELL

MARTIN BRODY

KIRSTY COTTON

ERIN HARSON

VERONICA HENLEY

TOMMY JARVIS

BEVERLY MARSH

RANDY MEEKS

DANA POLK

DEWEY RILEY

ELLEN RIPLEY

CLARICE STARLING

LAURIE STRODE

NANCY THOMPSON

ABRAHAM VAN HELSING

LORRAINE WARREN

ASH WILLIAMS

A G B U A Y B A R C L A Y
O N R C L E H W Y M O C N
P I O W I L L I A M S R I
P L D I F N C O T T O N G
B R Y G O E H A R S O N N
E A B B K H V N M L Y W I
D T N O S P M O H T L Y S
O S P N A O W D S S I E L
R N V E B I F P R K K L E
T N E H F E J M A S S P H
S R P R G A N R M P S I N
R U S O R B N N I K D R A
E S Y V L A G G E L H O V
V I I T C K W E W L E D U
E S L I W M M U L O L Y K

10 Horror Movie Weapons

ARROW

BASEBALL BAT

BEAR TRAP

CHAINSAW

DAGGER

FIRE

HAMMER

HEDGE CLIPPERS

KNIFE

MACHETE

PLASTIC BAG

POISON

POT LID

RIFLE

SHOTGUN

SWORD

SYRINGE

TEETH

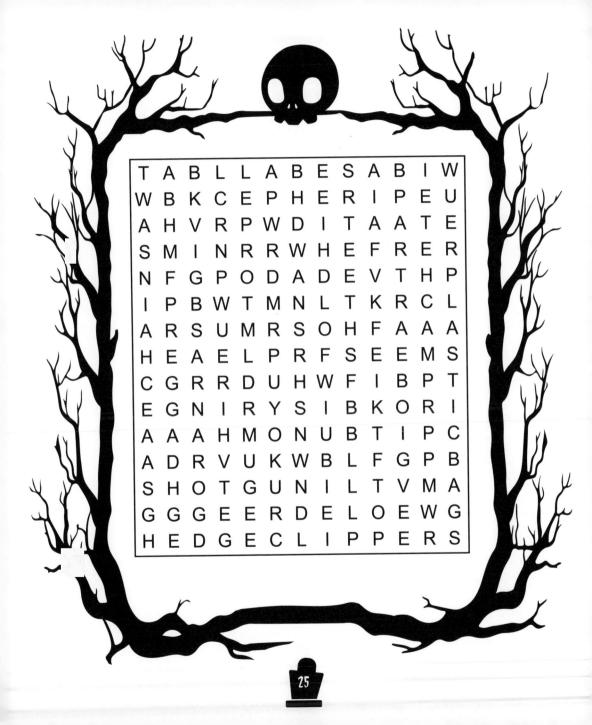

```
T A B L L A B E S A B I W
W B K C E P H E R I P E U
A H V R P W D I T A A T E
S M I N R R W H E F R E R
N F G P O D A D E V T H P
I P B W T M N L T K R C L
A R S U M R S O H F A A A
H E A E L P R F S E E M S
C G R R D U H W F I B P T
E G N I R Y S I B K O R I
A A A H M O N U B T I P C
A D R V U K W B L F G P B
S H O T G U N I L T V M A
G G G E E R D E L O E W G
H E D G E C L I P P E R S
```

11   Slasher Movies

A <u>NIGHTMARE</u> ON ELM STREET

<u>ALICE</u>, SWEET ALICE

<u>APRIL</u> FOOL'S DAY

BLACK <u>CHRISTMAS</u>

BLOOD AND <u>BLACK</u> LACE

<u>CANDYMAN</u>

<u>CHILD'S</u> PLAY

FINAL <u>DESTINATION</u>

HIGH <u>TENSION</u>

<u>MANIAC</u>

<u>PSYCHO</u>

<u>SLEEPAWAY</u> CAMP

THE <u>BURNING</u>

THE HOUSE ON <u>SORORITY</u> ROW

THE <u>SLUMBER</u> PARTY MASSACRE

THE <u>TEXAS</u> CHAIN SAW MASSACRE

THE TOWN THE DREADED <u>SUNDOWN</u>

<u>TORSO</u>

```
G F Y A W A P E E L S S T
S D K L C H R I S T M A S
C O E N I I A W B L A S K
N W R S Y R U V V L W I C
N A G O T D P C O A A V I
S G M N R I P A S M K C S
L N Y Y I I N L R O K D K
U I W L D G T A O U L G G
M N E O W N H Y T I I O H
B R N U D M A T H I H C T
E U V C A N A C M C O E O
R B F N D L U S Y A X N U
H K I I I V I S T A R L U
I A C C R T P N S N U E K
C T E N S I O N F V T N K
```

12   Lost Hearts
by M.R. James (excerpt)

Whilst the girl stood still, half smiling, with her hands clasped over her heart, the boy, a thin shape, with black hair and ragged clothing, raised his arms in the air with an appearance of menace and of unappeasable hunger and longing. The moon shone upon his almost transparent hands, and Stephen saw that the nails were fearfully long and that the light shone through them. As he stood with his arms thus raised, he disclosed a terrifying spectacle. On the left side of his chest there opened a black and gaping rent; and there fell upon Stephen's brain, rather than upon his ear, the impression of one of those hungry and desolate cries that he had heard resounding over the woods of Aswarby all that evening. In another moment this dreadful pair had moved swiftly and noiselessly over the dry gravel, and he saw them no more.

```
N E H U N G E R S L I A N
E P D D W G D O O T S R G
H A W R G N I P A G E R T
P H M E Y B R A W S A G N
E S E A F H K A O V F N E
T Y N D E A S U E E N I R
S L A F L N N L A O E H A
W T C U L D T R I V L T P
G F E L I S F S E I C O S
D I E N H U S N E A A L N
E W G O L E I B I H T C A
S S N L R N K R P L C W R
I E Y P G H E A R T E W T
A C M S M I L I N G P F P
R I B O Y R G N U H S G T
```

13 The Blair Witch Project

ABDUCTED

BLAIR

CAINS

CAMP

CURSED

FILMMAKERS

FOREST

HEATHER

HERMIT

JOSH

MIKE

MISSING

MYTH

PROJECT

STICKS

SUSPENSE

TENT

WITCH

```
S S V Y C R U C T R P E Y
K S T I M R E H E C C K T
C R R L T O D H N T A I B
I E I F E S D G T F L M H
T K A P F M E F V A R A P
S A L R U D I R P V E P F
T M B O M Y N S O E D H A
Y M K J H Y B O S F I O B
C L K E S Y T N B I J H D
G I H C G H E H C O N S U
W F L T U P M A S H P G C
S I U O S R I H G G D K T
U W T U U N S P W S G M E
M B S C S M W E I B F D D
R G A T H P M M D U O H A
```

'Salem's Lot
by Stephen King

KURT BARLOW

COREY BRYANT

FATHER CALLAHAN

CHURCH

CROSS

DANGER

DANNY

FURNITURE STORE

GHOST

KNIVES

MAINE

MARSTEN HOUSE

BEN MEARS

POWER CUT

RALPHIE

RICHARD STRAKER

UNCLEAN

VAMPIRES

```
L T O V V T T Y U M N E B
N C U B N S Y C B E N A A
H T P C O N A R T I C N R
C U A H R L W S A D R F L
R Y G O L E R M A R R T O
U O W A K A W N L M C F W
H R H E M N G O R U V U E
C A E U T E I H P L A R U
N G T K R N V V A D M N N
K P A P A I A M E K P I C
D A N N Y R W Y A S I T L
T Y N R D F T F R Y R U E
M C R M E A R S F B E R A
S S O R C H O M Y I S E N
C B N G F E R Y R K W B Y
```

15 Poltergeist

ABDUCTION	INTRUSION
BEAST	MARTHA LESH
CAROL ANN	MEDIUM
CORPSE	NOISE
DANA	ROBBIE
DIANE	SPIELBERG
ECTOPLASM	STATIC
FORCE	STEVE
TOBE HOOPER	TORNADO

```
D F M B W F L E N U C A R
F A D K D E V U U S G O E
L Y S P I E L B E R G D P
M M G D T T W M P L M A O
A U B S K U E S L F E N O
R A E T M D S Y A F Y R H
T B G E I S E T E C B O E
H D I U N D A N A S G T B
A U M S T T E L A T I H O
L C E R R H T S P I I O T
E T E A U Y S V P O D C N
S I C G S M A T K R T V O
H O R D I M E L P F O C E
B N O R O B B I E P M C E
B P F B N C A R O L A N N
```

Horror Movies With the Highest Body Counts

30 DAYS OF <u>NIGHT</u>

A NIGHTMARE ON <u>ELM STREET</u>

<u>CANDY MAN</u>

<u>CARRIE</u>

<u>CHILD'S</u> PLAY

<u>FRIDAY</u> THE THIRTEENTH

FROM <u>DUSK</u> TILL DAWN

<u>HALLOWEEN</u>

<u>HATCHET</u>

KILLER <u>CLOWNS</u> FROM OUTER SPACE

<u>LEPRECHAUN</u>

<u>SAW</u>

<u>SCREAM</u>

<u>SLITHER</u>

SUMMER OF <u>MASSACRE</u>

THE <u>BELKO</u> EXPERIMENT

THE FIRST <u>PURGE</u>

THE <u>INVISIBLE</u> MAN

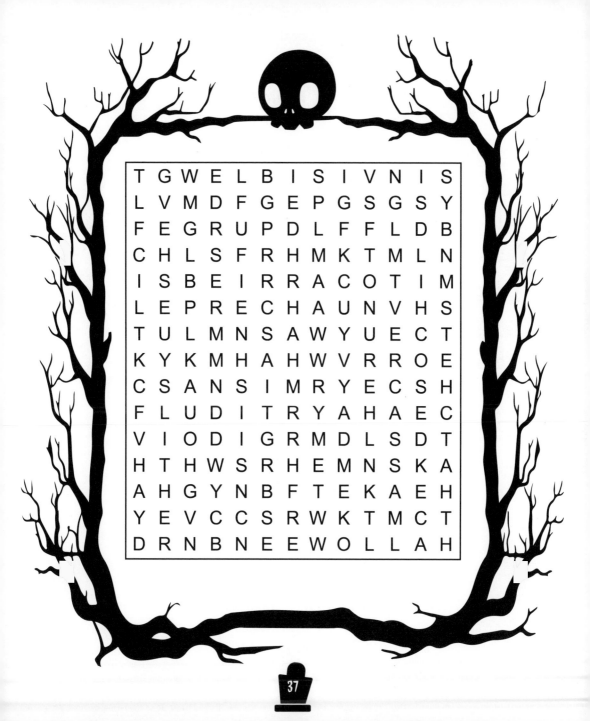

```
T G W E L B I S I V N I S
L V M D F G E P G S G S Y
F E G R U P D L F F L D B
C H L S F R H M K T M L N
I S B E I R R A C O T I M
L E P R E C H A U N V H S
T U L M N S A W Y U E C T
K Y K M H A H W V R R O E
C S A N S I M R Y E C S H
F L U D I T R Y A H A E C
V I O D I G R M D L S D T
H T H W S R H E M N S K A
A H G Y N B F T E K A E H
Y E V C C S R W K T M C T
D R N B N E E W O L L A H
```

37

17   John Carpenter

ACTION

ADRIENNE BARBEAU

AMERICA

AWARDS

BOX OFFICE

CINEMA

DIRECTOR

SANDY KING

MUSIC

NEW YORK

PLAUDITS

PRODUCER

SCIENCE FICTION

SCREENWRITER

SLASHER

STORM KING COMICS

STUDENT

WESTERNS

```
V S P N E W Y O R K W P E
U P T U I Y B A R B E A U
I O D I R E C T O R A Y I
I S B K D N O I T C I F R
G N I K G U L F T B R T E
A C I R E M A I S I E S T
A W A R D S O L R Y C W I
P D U H M N A R P I U E R
F T B U L S S D M P D S W
C M S A H K P O D H O T N
D I A E M F C C G B R E E
C L R T N E D U T S P R E
O N Y D T N N T K H C N R
S B O X O F F I C E T S C
V Y B C N C M D C P P Y S
```

18   B Movies

ATTACK OF THE CRAB MONSTERS

ATTACK OF THE KILLER TOMATOES

BAD TASTE

BRIDE OF THE GORILLA

DRIVE IN MASSACRE

EIGHT-LEGGED FREAKS

FIEND WITHOUT A FACE

FORBIDDEN WORLD

INVASION OF THE BODY SNATCHERS

KILLER CLOWNS FROM OUTER SPACE

KING OF THE ZOMBIES

PIRANHA

SHOCK-O-RAMA

THE BRAIN THAT WOULDN'T DIE

THE CRATER LAKE MONSTER

THE RAVEN

THE STUFF

THE WASP WOMAN

S	R	A	S	K	A	E	R	F	H	E	F	E
L	R	U	H	U	M	A	P	R	N	R	F	T
M	V	E	T	N	L	A	Y	M	V	A	U	S
B	T	W	T	L	A	G	S	R	V	V	T	A
L	V	O	I	S	W	R	E	S	F	E	S	T
U	U	R	M	R	N	T	I	E	A	N	P	D
P	O	L	Y	A	A	O	L	P	O	C	A	A
G	S	D	S	R	T	H	M	I	W	D	R	B
I	R	A	C	K	E	O	S	K	V	S	O	E
G	M	G	W	G	I	A	E	O	V	I	B	C
D	N	E	I	F	V	S	P	S	M	G	I	U
P	L	U	O	N	K	Z	O	M	B	I	E	S
R	S	F	I	M	F	U	V	T	T	G	K	F
N	I	A	R	B	K	I	L	L	E	R	F	W
S	H	O	C	K	O	R	A	M	A	F	I	C

19 An American Werewolf in London

ALLEYWAY	SHOT
BEAST	SLAUGHTERED
BITTEN	STREETS
CINEMA	STUDENTS
CURSED	TRAFALGAR SQUARE
FULL MOON	TREKKING
GRADUATES	VICTIM
KILLING	WARNING
MOORS	ZOO

```
S T U D E N T S T E K S I
B I L P B Y Y S T R I H T
S R O O M S A A R A Z O O
N P E C F E W M E U V T G
O O B E B Y Y D K Q K M D
O T D T N W E S K S I B E
M N G C M S L E I R L A R
L E K N R S L T N A L M E
L T F U I Y A A G G I E T
U T C K C N D U I L N N H
F I M H O U R D B A G I G
V B F F P V E A T F H C U
M I T C I V G R W A O A A
O B F S R F C G B R A E L
U Y R D S T R E E T S D S
```

43

20 Sam Raimi

30 DAYS OF <u>NIGHT</u>

ARMY OF <u>DARKNESS</u>

<u>COMEDY</u>

<u>COMICS</u>

<u>DIRECTOR</u>

DON'T <u>BREATHE</u>

<u>FRANCHISE</u>

<u>GHOST HOUSE</u> PICTURES

GILLIAN <u>GREENE</u>

<u>HORROR</u>

IT'S <u>MURDER!</u>

<u>RENAISSANCE</u> PICTURES

<u>SLAPSTICK</u>

THE <u>EVIL DEAD</u>

THE <u>GIFT</u>

THE <u>GRUDGE</u>

<u>UMMA</u>

WITHIN THE <u>WOODS</u>

```
H A M R E O I F V B K H E
I D M A A P Y E B C L C G
M P R M T L N I I G N F W
H T W H U E P T T A E B H
R O G O E D S S S L S D O
H I R R O P F S U Y U R E
N K G R A D I I D W O N S
S R K L O A S M D T H B I
S D S F N R U A C P T R H
E G E E Y R E E K M S E C
N T R H D D R G S C O A N
K D F E L I E H D B H T A
R N R I D U B M V U G H R
A T V C G F F D O U R E F
D E N P H C O M I C S G G
```

21

Dracula
by Bram Stoker (excerpt)

His face was a strong—a very strong—aquiline, with high bridge of the thin nose and peculiarly arched nostrils; with lofty domed forehead, and hair growing scantily round the temples but profusely elsewhere. His eyebrows were very massive, almost meeting over the nose, and with bushy hair that seemed to curl in its own profusion. The mouth, so far as I could see it under the heavy moustache, was fixed and rather cruel-looking, with peculiarly sharp white teeth; these protruded over the lips, whose remarkable ruddiness showed astonishing vitality in a man of his years. For the rest, his ears were pale, and at the tops extremely pointed; the chin was broad and strong, and the cheeks firm though thin. The general effect was one of extraordinary pallor…

Strange to say, there were hairs in the centre of the palm. The nails were long and fine, and cut to a sharp point. As the Count leaned over me and his hands touched me, I could not repress a shudder. It may have been that his breath was rank, but a horrible feeling of nausea came over me, which, do what I would, I could not conceal.

```
Y Y V A E H H T A E R B F
N M R S S E N I D D U R D
P T E M P L E S L P Y E E
R E G N A R T S V R C P M
A E S B D N T M I O H R O
H F R W O E A F T F E E D
S R B S O S T A A U E S S
H A E R S R Q N L S K S L
U T D I O U B C I I S E P
D H V A I A O E T O A D A
D E A L E N D E Y N P E L
E R I I C S C T E E T H L
R N T E R A U D A T U C O
E D A U F S N A I L S R R
H L B R I D G E N E R A L
```

22 Werewolf Movies

ARIZONA WEREWOLF

BAD MOON

CURSE OF THE WEREWOLF

DARK SHADOWS

DOG SOLDIERS

FRANKENSTEIN MEETS THE
   WOLF MAN

GINGER SNAPS

LATE PHASES

SILVER BULLET

THE BEAST MUST DIE

THE HOWLING

THE WOLF OF SNOW HOLLOW

THE WOLFMAN

TRICK R TREAT

TWILIGHT

UNDERWORLD

WEREWOLVES WITHIN

WHEN ANIMALS DREAM

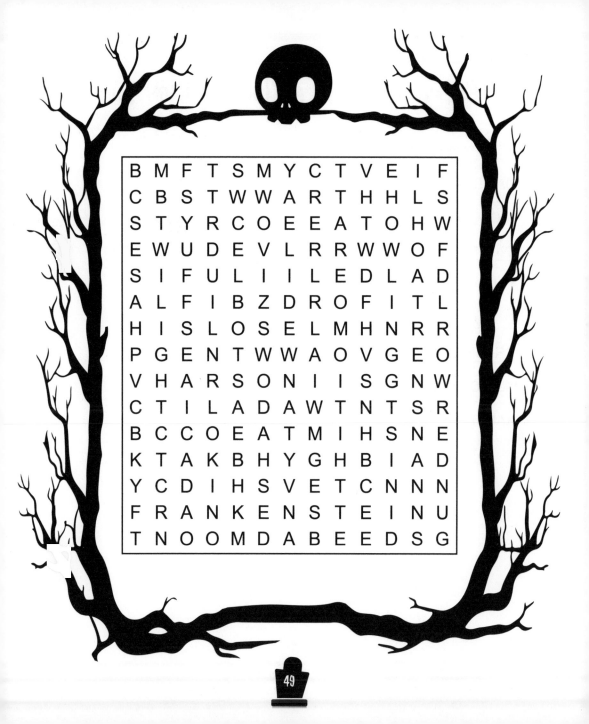

```
B M F T S M Y C T V E I F
C B S T W W A R T H H L S
S T Y R C O E E A T O H W
E W U D E V L R R W W O F
S I F U L I I L E D L A D
A L F I B Z D R O F I T L
H I S L O S E L M H N R R
P G E N T W W A O V G E O
V H A R S O N I I S G N W
C T I L A D A W T N T S R
B C C O E A T M I H S N E
K T A K B H Y G H B I A D
Y C D I H S V E T C N N N
F R A N K E N S T E I N U
T N O O M D A B E E D S G
```

49

23   Buffy the Vampire Slayer – Part One

BECOMING

DAVID BOREANAZ

NICHOLAS BRENDAN

CALEB

EMMA CAULFIELD

DARLA

DRUSILLA

ALYSON HANNIGAN

XANDER HARRIS

AMY MADISON

ETHAN RAYNE

DAWN SUMMERS

THE ANOINTED ONE

THE INITIATIVE

THE MASTER

MAGGIE WALSH

WATCHER

ANDREW WELLS

```
W D E T N I O N A A B P H
S P P Y R D O D P R E S A
K H A N N I G A N D L T R
D R U S I L L A A A A M R
M E W E L L S R W M C A I
A U S S R W L B D A E A S
D B O R E A N A Z S U S U
I E S V T T Y H I T R U W
S C O U R C F N N E I M W
O O F R I H U B E R H M P
N M H B R E N D A N F E L
P I V A A R W T B H F R L
P N S W G V F P E D P S S
L G O Y C A U L F I E L D
R M B E V I T A I T I N I
```

Jaws
by Peter Benchley

AMITY

ATTACK

BARREL

BEACH

PETER BENCHLEY

BITTEN

CAGE

FISHERMEN

GREAT WHITE SHARK

HARPOON

HUNTER

LONG ISLAND

MAYOR

OXYGEN TANK

QUINT

SEQUEL

SPEAR

STEVEN SPIELBERG

```
B N O O P R A H F T V L S
P L S B E N C H L E Y P M
O I P U M Q U I N T E C R
R F T Y N P E A H A A M E
C E I S T G L S R B K T T
I G D S P I E L B E R G N
S P N D H R M W T Y C L U
H B A R R E L A I U E B H
A K L A E H R F N U L E B
R C S U T L L M Q S S A F
K A I P B M C E E C U C E
F T G T A L S D A N G H T
I T N Y P N R G O C F K R
K A O X Y G E N T U V S O
P R L K D B I T T E N T V
```

25 Classic Locations and Settings

ASYLUM	HOTEL
ATTIC	MILL
BARN	MINE
CABIN	MONASTERY
CASTLE	MOOR
CHURCH	OUTHOUSE
FACTORY	TEMPLE
FOREST	WAREHOUSE
HELL	WOODS

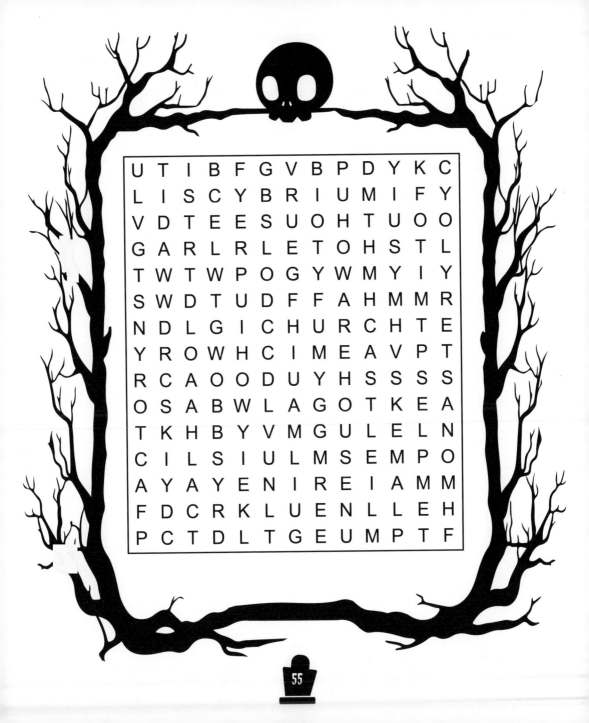

```
U T I B F G V B P D Y K C
L I S C Y B R I U M I F Y
V D T E E S U O H T U O O
G A R L R L E T O H S T L
T W T W P O G Y W M Y I Y
S W D T U D F F A H M M R
N D L G I C H U R C H T E
Y R O W H C I M E A V P T
R C A O O D U Y H S S S S
O S A B W L A G O T K E A
T K H B Y V M G U L E L N
C I L S I U L M S E M P O
A Y A Y E N I R E I A M M
F D C R K L U E N L L E H
P C T D L T G E U M P T F
```

The Works of Edgar Allan Poe

A DESCENT INTO THE MAELSTROM

A DREAM WITHIN A DREAM

HOP-FROG

LENORE

LIGEIA

LOSS OF BREATH

MORELLA

THE BLACK CAT

THE FALL OF THE HOUSE OF USHER

THE GOLD-BUG

THE HAUNTED PALACE

THE IMP OF THE PERVERSE

THE MASQUE OF THE RED DEATH

THE PIT AND THE PENDULUM

THE PREMATURE BURIAL

THE PURLOINED LETTER

THE SYSTEM OF DR TARR AND PROFESSOR FETHER

THE TELL-TALE HEART

```
M P C W K M C E N L H B A
A N E R T C H U A M T R A
E D A N E P A I S O A E B
R L R L D T R L M R E A P
D V D U L U T Y B T D T E
N G E I B E L E S S D H R
P D Y F T D R U L L E W V
B I P B V B A O M E R F E
W A U N E U B L M A A V R
D T H A S N E Y C M V G S
R M H H I N P A L A C E E
T G E E O E G U B D L O G
A R V R A U G O R F P O H
R A E B N R K I M S N Y N
R T H N L Y T W L N G R R
```

Villains – Part One

PATRICK <u>BATEMAN</u>	<u>MAUD</u>
SETH <u>BRUNDLE</u>	SAMARA <u>MORGAN</u>
<u>BUGHUUL</u>	MICHAEL <u>MYERS</u>
<u>CUJO</u>	KAYAKO <u>SAEKI</u>
<u>ESTHER</u>	THE <u>PREDATOR</u>
<u>GHOSTFACE</u>	THE <u>WOMAN IN WHITE</u>
<u>JENNIFER</u>	ERNEST <u>TOLLER</u>
HANNIBAL <u>LECTER</u>	JASON <u>VOORHEES</u>
REGAN <u>MACNEIL</u>	ANNIE <u>WILKES</u>

```
V E M Y E R S M W S T E N
U L E D E S C G U O C C P
B D I T V E R Y J A R J M
C N K M T E L U F A C E E
C U E O H H C T K U O N T
R R A T D R S L G L L N I
R B S A W O H G R U P I H
R E P K H O C I U R W F W
E L L G E V A H E I B E N
T I U L F V G D L A R R I
C E V R O U A K T C D W N
E N U V B T E E O M U I A
L C C O O S M T H P A Y M
D A H R M A H M P T M K O
L M W W N T M O R G A N W
```

59

ANGELIQUE

BERNIE

RICK BLOODSTONE

BUTTERBALL

CAB DRIVER

CARDUCCI

CHAMBERLAIN

CHANNARD INSTITUTE
  PATIENTS

FRANK COTTON

JACQUES

JULIA

KYLE MACRAE

JOHN MERCHANT

PARKER

POLICEMAN

PRUDHOE

DAPHNE SHARP

ELLIOT SPENCER

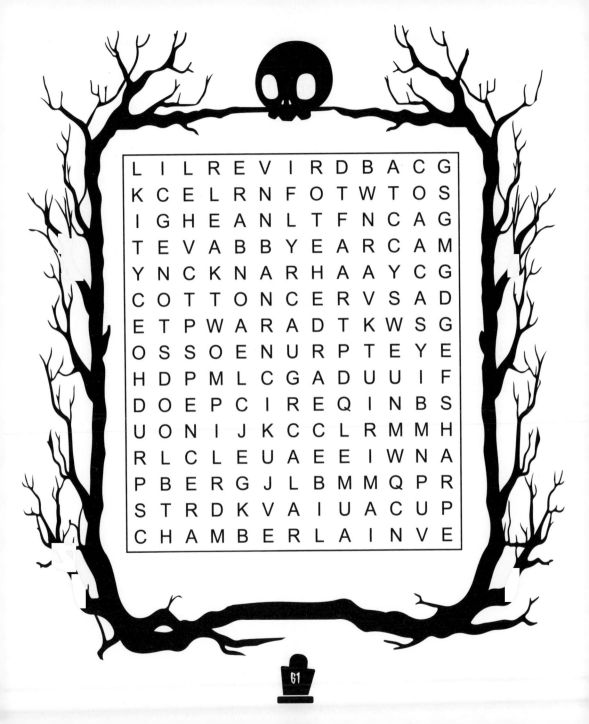

```
L I L R E V I R D B A C G
K C E L R N F O T W T O S
I G H E A N L T F N C A G
T E V A B B Y E A R C A M
Y N C K N A R H A A Y C G
C O T T O N C E R V S A D
E T P W A R A D T K W S G
O S S O E N U R P T E Y E
H D P M L C G A D U U I F
D O E P C I R E Q I N B S
U O N I J K C C L R M M H
R L C L E U A E E I W N A
P B E R G J L B M M Q P R
S T R D K V A I U A C U P
C H A M B E R L A I N V E
```

Halloween Playlist

A _NIGHTMARE_ ON MY STREET

ADDAMS FAMILY THEME

BURY A _FRIEND_

CREEP

DEMONS

DISTURBIA

FREAKS COME OUT AT NIGHT

HAUNTED

HEADS WILL ROLL

I PUT A _SPELL_ ON YOU

MONSTER MASH

SKELETON IN THE CLOSET

SPOOKY

SUPER FREAK

SYMPATHY FOR THE DEVIL

THRILLER

WITCHY WOMAN

ZOMBIE

```
S V K A K O U G D U P L D
P B D V M N O T E L E K S
O Y A M Y D I W P U K T L
O C C Y C D E M O N S H N
K V O R T H R I L L E R K
Y I E A D E E C K A S S Y
R E R I I N D Y D K P H Y
P I A B I M U S A E T E H
I M M R H E M E L A Y S C
E O T U A U R L P S M A T
Z N H T U F S M U A P O I
U S G S N M Y P D W Y D W
E T I I T S E D N E I R F
T E N D E R A F R C G N W
I R K I D L N U A U B B A
```

30 The Masque of the Red Death
by Edgar Allan Poe – Part Two (excerpt)

The <u>figure</u> was tall and <u>gaunt</u>, and <u>shrouded</u> from head to <u>foot</u> in the habiliments of the <u>grave</u>. The mask which <u>concealed</u> the <u>visage</u> was made so nearly to resemble the countenance of a <u>stiffened</u> corpse that the <u>closest</u> <u>scrutiny</u> must have had difficulty in <u>detecting</u> the <u>cheat</u>…

And now was <u>acknowledged</u> the presence of the Red <u>Death</u>. He had come like a <u>thief</u> in the <u>night</u>. And one by one <u>dropped</u> the revellers in the blood-bedewed <u>halls</u> of their revel, and died each in the <u>despairing</u> posture of his <u>fall</u>. And the life of the <u>ebony</u> <u>clock</u> went out with that of the last of the <u>gay</u>. And the <u>flames</u> of the <u>tripods</u> expired. And <u>Darkness</u> and <u>Decay</u> and the Red Death held <u>illimitable</u> dominion over all.

```
S G B D E S P A I R I N G
T T R I P O D S H T O O F
I E G A S I V C E T D S E
F D I R V N T Y L S A D Y
F E Y A C E D N B E R E U
E G V G R T O O A S K L D
N D K N A T H B T O N A E
E E C I S U H E I L E E D
D L O T T E N G M C S C U
E W L C O H M T I N S N O
P O C E Y A G A L N F O R
P N H T D F A L L E O C H
O K E E E R U G I F I E S
R C A D E U R H H A L L S
D A T Y N I T U R C S L B
```

31 Lovecraftian Monsters

BOKRUG

CTHULHU

DAGON

DEEP ONE

DREAMLANDS

DUNWICH HORROR

GHAST

GLOON

GNOPH-KEH

GOBOGEG

NODENS

NYARLATHOTEP

R'LYEH

SHAGGAI

SHANTAK

THUNN'HA

VENUS

YIG

```
R O R R O H H C I W N U D
O U H L U H T C D C M P R
D L F G Y H P V R A M A K
T I F A U C D R M P G R P
D V L N S G H A S T S O T
R B N U H Y B A N N U G N
E H Y Y A V K B E S H L D
A H D C G G R D E U E O E
M E E G G A O H N N Y O E
L K S H A N T A K E L N P
A H H W I K M B R V R W O
N P E T O H T A L R A Y N
D O C B K D B O K R U G E
S N V G E G O B O G A T C
S G G I Y C C I S R V E R
```

67

Gothic Fiction

BURIALS	GHOST
CASTLE	HAUNTING
CHURCH	MURDER
CONVENT	POSSESSION
CRYPT	REMOTE
DECAY	RUINED
DREAMS	SPIRIT
ECHO	SUPERNATURAL
FEAR	THREAT

```
Y V B U D T B R T D H C K
L A P R T A S P O M S Y B
S M A E R D Y T L U Y D O
S E Y O K R B N A R A C N
F P I V C R L R R D C R B
S O I I K H Y Y U E E U O
E S D R E K W F T R D H S
A S G N I T N U A H C H L
C E C A S T L E N E K C A
O S S E T O M E R S B R I
N S R R D G B D E N I U R
V I T A E R H T P K I H U
E O N N P D O O U T C C B
N N B Y W C R N S E T T S
T O T U T U S R T T G K P
```

H to Z of Horror

HAUNTING	SCARY
KILLER	SHOCKING
LOATHSOME	SPOOKY
MURDER	TERRIFYING
NASTY	TORMENT
NAUSEA	UNGODLY
NIGHTMARE	UNNERVING
PETRIFIED	VILE
REPULSIVE	ZOMBIE

```
O I U E E R A M T H G I N
E H O I M G T A D Y I G S
V A I B O N D K M L K S A
S U N M S I B M L D C Y P
E N A O H K S Y K O O P S
V T S Z T C F E G G Y T A
I I T U A O V H D N K E P
S N Y R O H E U Y U S R E
L G Y N L S H M E U U R T
U E L I V Y U L A Y R I R
P G N I V R E N N U E F I
E N F L D W F K U G L Y F
R O H E Y G E U H R L I I
B W R O D C M D T K I N E
T T N E M R O T I N K G D
```

71

34 Ghoulish Graveyard

ASHES

BURIED

CARCASS

CREMATED

DEATH

EXHUME

FLESH

FUNERAL

INTERNMENT

MORGUE

MORTUARY

REMAINS

ROTTEN

SKELETON

SKULL

STIFF

TOMB

WREATH

```
H T A E D H K D U C B S N
S S O C Y R A U T R O M M
E T N G W I F N I R A V O
H I I I O C A R C A S S R
S F L W A F L E S H G E G
A F C R E M A T E D M U U
S A A L P D E I R U B V E
H P T N V R B R H L V W Y
R Y R N O D K X A O W T E
O U U I N T E R N M E N T
T Y L F Y A E B M O T H O
T P H L C N G L Y R U S T
E M E W U H T A E R W B N
N E V F H K A K H K H M A
F S L U K L S B C T S N M
```

35 The Movies and Music of John Carpenter

ASSAULT ON PRECINCT 13

BIG TROUBLE IN LITTLE CHINA

BODY BAGS

CHRISTINE

DARK STAR

ESCAPE FROM NEW YORK

FIRESTARTER

GHOSTS OF MARS

HALLOWEEN

IN THE MOUTH OF MADNESS

LOST THEMES

MEMOIRS OF AN INVISIBLE MAN

PRINCE OF DARKNESS

STARMAN

THE THING

THE WARD

VAMPIRES

VILLAGE OF THE DAMNED

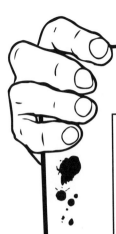

```
D F W O H T W C S Y T E H
E R E T R A T S E R I F A
N U H S R K D P O B C U L
M C R D G T L U A S S A L
A H P A D A B P M S K O O
D R U R T L B E U L B M W
E I A K E S M Y V O A S E
T S G O P O K B D D U S E
H T G N I H T R N O D E N
E I S R A F P E A R B N E
M N S G H O S T S D U K W
E E H T C S C V M I E R Y
S T A R M A N N G M N A O
H U I S E R I P M A V D R
E N Y Y E S S V A N V V K
```

36 Composers

MARCO BELTRAMI

WENDY CARLOS

CHARLIE CLOUSER

DANNY ELFMAN

RACHEL ELKIND

PAUL FERRIS

FABIO FRIZZI

LUCIO FULCI

JOHN HARRISON

BERNARD HERRMANN

MAURICE JARRE

KRZYSZTOF KOMEDA

HARRY MANFREDINI

ENNIO MORRICONE

MIKE OLDFIELD

JOHN WILLIAMS

THOM YORKE

CHRISTOPHER YOUNG

```
B P R M I H Y S Y B H U M
A A C D G M F I Y C O V I
T F D L P V A R Y O R K E
M G R E V H A R I O D F I
A A L I M L A E T Z U Y B
N H E F N O E F R L Z N U
F A L D C B K L R I E I G
R R F L B D I E K H B B S
E R M O A C S R E I R H E
D I A E L U U R N C N H H
I S N U O C R E E A L D N
N O F L G M U J A R R E D
I N C R A S M A I L L I W
G S E N O C I R R O M T O
G E N W F U O C M S C T U
```

37   The Omen

ANTICHRIST

BIOLOGICAL

BIRTHMARK

COMMUNION

DEATH

DIPLOMAT

HALLOWED

LIGHTNING

NANNY

GREGORY PECK

PREGNANT

PRIEST

ROTTWEILER

SATAN

SUPERNATURAL

DAMIEN THORN

VIOLENCE

BILLIE WHITELAW

```
Y I Y G N I N T H G I L S
F B P K R A M H T R I B U
K C E P T G O C A M P K P
C O M M U N I O N G V D E
C C L R E L I E W T T O R
B I O L O G I C A L D D N
P L B T V S R B C I E P A
S R D L A I M C P W Y R T
H N E T G C O L O N D I U
T T A G D R O L N C E E R
A N N L N M L A E L V S A
E Y R I A A N M I N C T L
D U O T H D N I F W C T R
U I H W A L E T I H W E D
A N T I C H R I S T D H L
```

79

38 Possessed Artefacts

AMULET

BOOK

CHEST

DOLL

DYBBUK BOX

IDOL

LOCKET

MASK

PAINTING

PHONE

RELIC

RING

SKULL

TELEVISION

TOY

TRUNK

VIDEO GAME

WEDDING DRESS

```
P W W T E L U M A V Y P P
C K N U R T K I I P P S M
X O B K U B B Y D V M S F
G F G N L R C Y A P F E D
I M G R O T S E H C G R U
K E T D D D I L M M G D W
R W O E I L L A R N T G R
E L M R L U R F I O H N O
L O T H K E L R Y V F I M
I C E S Y A V M A S K D M
C K G N I T N I A P B D Y
I E W E R C E N S O P E L
N T R B C I B I O I G W E
V Y F D M E R K E N O H P
N E M A G O E D I V O N K
```

39

Let Loose
by Mary Cholmondeley (excerpt)

Then, with a furious snarl, he suddenly sprang from the ground, and rushed in great leaps across the room towards me, dashing himself against the furniture, his eyes rolling, snatching and tearing wildly in the air with his teeth. I saw he had gone mad. I leaped out of bed, and rushing at him, caught him by the throat. The moon had gone behind a cloud; but in the darkness I felt him turn upon me, felt him rise up, and his teeth close in my throat. I was being strangled. With all the strength of despair, I kept my grip of his neck, and, dragging him across the room, tried to crush in his head against the iron rail of my bedstead. It was my only chance. I felt the blood running down my neck. I was suffocating. After one moment of frightful struggle, I beat his head against the bar and heard his skull give way. I felt him give one strong shudder, a groan, and then I fainted away.

```
R E D D U H S K U L L Y R
B V T O W A R D S C R L S
S B S U O I R U F G U D D
U E C N A H C A N G S L N
F L N F S H I O R N H I U
F G E N S N R O F O I W O
O G C F T T A U O R N N R
C U K E S N R T H I G O G
A R D D R N C A C T D O N
T T R A I I D L N H E M R
I S H T C U A N E G I E U
N A U R O O M P D A L N T
G R U L O G B G S B P E G
E S C A D A R K N E S S D
H W B E D S T E A D D E M
```

40

Hammer Films

BLOOD FROM THE MUMMY'S
    TOMB

CURSE OF THE WEREWOLF

DRACULA HAS RISEN FROM
    THE GRAVE

FRANKENSTEIN MUST BE
    DESTROYED

HANDS OF THE RIPPER

KISS OF THE VAMPIRE

PHANTOM OF THE OPERA

THE ABOMINABLE SNOWMAN

THE CURSE OF
    FRANKENSTEIN

THE DEVIL RIDES OUT

THE HOUND OF THE
    BASKERVILLES

THE LEGEND OF THE SEVEN
    GOLDEN VAMPIRES

THE MUMMY

THE PLAGUE OF THE ZOMBIES

THE QUATERMASS
    EXPERIMENT

THE REPTILE

THE WITCHES

X THE UNKNOWN

```
F U E E I Y G V K E C H V
R L N E E H M S L R F H N
A S C K O L U M V I D G E
N M R U N N F M U P V W Y
K E N B L O O D E M D E Y
E D C N M T W H E A E R D
N Z A P N D A N S V Y E R
S K O A K L G N C S O W E
T Y H M U D O H G E R O P
E P T C B W Y D O H T L T
I A A S M I V Y L C S F I
N R K A H B E H D T E G L
D H N A A S K S E I D B E
R E P P I R L V N W N N T
B T E X P E R I M E N T N
```

41 Devilish

BEAST

BEELZEBUB

DEMON

DEVIL

DIABOLICAL

HADES

HELL

INCUBUS

LUCIFER

MONSTER

OCCULT

OGRE

PAGAN

PLAGUE

SATAN

SERPENT

SUCCUBUS

UNGODLY

```
R P L L I V E D N V S N S
E L L R S D P U A G A E I
T U E N M L Y S T S U C T
S C H W A S G Y A E N H N
N I H G S G G O S O G R E
O F U A A U A W N V O R P
M E I I G V C P O T D T R
E R D E M O N C B A L V E
K R C R H O E O U L Y L S
D C B B C V H T E B G D I
S S E D A H L T Y H U P G
I N C U B U S T S R G S G
F P L A C I L O B A I D W
D S S C T Y M F O I E R N
F N O B U B E Z L E E B T
```

Carrie
by Stephen King

BATH	MARGARET
BLOOD	PIGS
BULLIED	PROM
DEATH	RELIGIOUS
ELECTROCUTE	SCHOOL
EXPLODE	SHY
FIRE	STAGE
HORROR	TELEKINETIC
KNIFE	WITCH

H	V	N	E	E	R	F	K	I	N	W	W	M
T	E	P	K	E	I	L	R	D	M	L	E	O
I	E	H	O	R	R	O	R	E	B	A	T	H
I	C	R	E	G	L	O	R	I	Y	M	A	Y
S	I	I	A	V	H	H	T	L	K	N	H	W
G	T	G	T	G	Y	C	C	L	S	S	I	F
P	D	A	N	E	R	S	Y	U	E	T	K	E
C	R	E	G	U	N	A	O	B	C	P	N	D
F	G	O	A	E	D	I	M	H	I	R	I	O
P	R	T	M	T	G	T	K	G	G	B	F	L
B	E	R	R	I	H	P	S	E	S	S	E	P
L	I	D	L	U	S	V	F	P	L	H	L	X
O	K	E	T	U	C	O	R	T	C	E	L	E
O	R	S	I	I	A	N	B	G	T	R	T	T
D	L	C	I	P	V	E	G	C	W	K	G	R

89

43 H.P. Lovecraft

ATHEISM

AUTHOR

COSMOS

CTHULHU MYTHOS

GOTHIC

HORROR

NEW YORK

POLITICS

PROHIBITION

PROVIDENCE

REPUBLICAN

RHODE ISLAND

SCIENCE

SOCIALISM

TEETOTAL

TRADITIONAL

WEALTHY

WRITER

```
L S O C I A L I S M Y C D
O A U S H I F T C H P N C
R E T I R W L I T R A T P
U S Y O U W H L O L H K R
V O P H T T A V S U N R O
R M V V O E I I L A A O H
U S Y G W D E H A U C Y I
E O E O E D U T L T I W B
C C O N O M H G C H L E I
N C C H Y E U Y P O B N T
E E R T I B N N P R U N I
I D H S C I T I L O P M O
C O M G T D U G K H E N N
S R O R R O H C P H R B S
L A N O I T I D A R T S P
```

91

44 Vampire Movies

30 DAYS OF <u>NIGHT</u>

BLACK <u>SUNDAY</u>

<u>BLADE</u>

<u>CRONOS</u>

<u>DRACULA</u>

<u>FRIGHT</u> NIGHT

HOTEL <u>TRANSYLVANIA</u>

<u>INTERVIEW</u> WITH THE VAMPIRE

<u>MARTIN</u> THE BLOOD LOVER

<u>NEAR DARK</u>

<u>NOSFERATU</u> THE VAMPYRE

ONLY <u>LOVERS</u> LEFT ALIVE

<u>PRIEST</u>

<u>RENFIELD</u>

<u>THIRST</u>

<u>TWILIGHT</u>

<u>UNDERWORLD</u>

WHAT WE DO IN THE <u>SHADOWS</u>

```
L I S T S E I R P E L D A
F P V H T H I R S T N I F
W H N G W D L E I F N E R
E N E I S L O B L A D E I
I I A L K R A G V U T U G
V G R I O O E L N S F S H
R H D W V V Y D U U U O T
E T A T H S E Y N C F B F
T O R P N R U R W K A M D
N L K A W V S N S A I R Y
I B R O N S H A D O W S D
E T R N O S F E R A T U C
V L E M N H S N N U Y G W
D C R O N O S L A E V L O
W Y K C N I T R A M V V B
```

45 Buffy the Vampire Slayer - Part Two

AMBER BENSON

MARC BLUCAS

CORDELIA CHASE

D'HOFFRYN

RILEY FINN

RUPERT GILES

GRADUATION DAY

ANYA JENKINS

JONATHAN LEVINSON

TARA MACLAY

MOLOCH

SLAYER

BUFFY SUMMERS

TABULA RASA

THE FIRST

THE WISH

NIKKI WOOD

KENDRA YOUNG

```
F A D R E Y A L S I S T G
D H S I W G Y Y A L C A M
H L Y C U E A N I E W B J
O C M O L O C H N E T U E
F O F G S V O O R O S L N
F G M U M U S F P W R A K
R I L H F N S D M T I R I
Y L M E E S O A E B F A N
N E G B I O U S C I R S S
G S S H W E G M N U F A N
K N C S S C U N M I L B H
F H U A K T M U E E V B R
U U H O N E D W O C R E S
N C G N Y B K I B A O S L
N G R A D U A T I O N I B
```

<u>CHRISTINE</u>

<u>DELIVER</u> US FROM EVIL

<u>DEMONS</u>

<u>FALLEN</u>

<u>HELLRAISER</u>

<u>INSIDIOUS</u>

<u>JENNIFER'S</u> BODY

PARANORMAL <u>ACTIVITY</u>

PRINCE OF <u>DARKNESS</u>

<u>SINISTER</u>

<u>STIGMATA</u>

THE <u>AMITYVILLE</u> HORROR

THE <u>CONJURING</u>

THE <u>ENTITY</u>

THE <u>EXORCISM</u> OF EMILY ROSE

THE HAUNTING IN <u>CONNECTICUT</u>

THE <u>WAILING</u>

THE <u>WITCH</u>

```
F H I N S I D I O U S E Y
W S E L A N S Y Y N W N T
S T V L H L T V C K C I Y
S M U E L I O W C O V T N
E H C C V R A F N R I S P
N E D I I I A J E T I I E
K E T E L T U I N D F R L
R C L I L R C E S U P H L
A G N L I I M E S E R C I
D G T N A T V S N G R G V
E M G O P F W E N N C K Y
M J E N N I F E R S O V T
O S E S T I G M A T A C I
N D R C S I N I S T E R M
S S H M S I C R O X E W A
```

47 Haunted Houses

AMERICAN HORROR STORY

ANNABELLE

HOCUS-POCUS

MONSTER HOUSE

PARANORMAL ACTIVITY

POLTERGEIST

ROSE RED

SHINING VALE

SINISTER

THE ADDAMS FAMILY

THE CONJURING

THE HAUNTING OF BLY MANOR

THE HAUNTING OF HILL HOUSE

THE MIDNIGHT CLUB

THE OTHERS

THE SECRET OF MARROWBONE

THE SHINING

WHAT LIES BENEATH

```
P S R E H T O D G P E S G
O U E H I L L H O U S E M
L D L H D E R E S O R D F
T N A R E T S N O M N R B
E B V S S A L I C H D O T
R L M I C O N J U R I N G
G Y E N O B W O R R A M F
E M D I A M E R I C A N G
I A A S G N I N I H S F L
S N D T F M U D U R K P A
T O O E H T A E N E B D O
B R N R L Y M C G I D I W
A N N A B E L L E A G P K
A C T I V I T Y M S O H A
U L S U C O P S U C O H T
```

48 The Whistling Room
by William Hope Hodgson (excerpt)

"All this time, every <u>night</u>, and <u>sometimes</u> most of each night, the <u>hooning</u> <u>whistling</u> of the Room was intolerable. It was as if an <u>intelligence</u> there knew that <u>steps</u> were being <u>taken</u> against it, and <u>piped</u> and hooned in a <u>sort</u> of mad, <u>mocking</u> contempt. I tell you, it <u>was</u> as extraordinary as it was <u>horrible</u>. Time after time, I went <u>along</u>—tip-toeing <u>noiselessly</u> on stockinged feet—to the <u>sealed</u> door (for I always kept the Room sealed). I went at all <u>hours</u> of the night, and often the whistling, <u>inside</u>, would <u>seem</u> to change to a brutally <u>malignant</u> note, as though the half-animate <u>monster</u> saw me <u>plainly</u> through the shut door. And all the time the <u>shrieking</u>, hooning whistling would fill the whole <u>corridor</u>, so that I used to feel a <u>precious</u> <u>lonely</u> chap, <u>messing</u> about there with one of <u>Hell's</u> <u>mysteries</u>.

S	P	E	T	S	V	G	S	T	S	Y	E	B
E	M	L	D	I	N	L	R	T	G	L	L	E
A	M	Y	A	I	B	O	U	Y	N	E	B	C
L	S	A	S	I	S	W	O	L	I	N	I	N
E	E	S	G	T	N	N	H	S	K	O	R	E
D	E	C	F	N	E	L	I	S	E	L	R	G
M	M	I	O	P	I	R	Y	E	I	P	O	I
O	A	C	N	R	N	L	I	L	R	I	H	L
N	L	A	T	E	R	G	T	E	H	P	E	L
S	I	L	H	C	K	I	N	S	S	E	L	E
T	G	O	G	I	R	A	D	I	I	D	L	T
E	N	N	I	O	V	W	T	O	N	H	S	N
R	A	G	N	U	A	B	I	N	R	O	W	I
R	N	U	O	S	E	M	I	T	E	M	O	S
K	T	G	N	I	K	C	O	M	C	U	Y	H

49 The Exorcist

LINDA BLAIR

ELLEN BURSTYN

CATHOLIC

CRUCIFIX

DEMON

BURKE DENNINGS

FAITH

HORROR

DAMIEN KARRAS

LAST RITES

PRIESTS

REGAN

RELIGIOUS

RITUAL

SHAKES

SPINNING

TERROR

VIOLENCE

W T O M G R A A K C N H A Y
Y B T E R R O R L K Y I S
S S L D H S K S U T T T B
B S O R G T H N R M S D F
L O E A E A I I D E R E K
I R E T K L A A I W U M A
S O E E I L I R F R B O R
G R S C B R P G I I L N R
N R Y A N I T T I F F C A
I O D T T E U S V O D B S
N H G H K A L Y A F U F R
N Y N O L V I O F L K S E
E C S L C R U C I F I X G
D S P I N N I N G V P K A
K L V C S V L E R C A M N

50 Tropes – Part One

ANCIENT EVIL

BEING WATCHED

DARK EYES

EVIL CLOWNS

FORBIDDEN KNOWLEDGE

IMMORTAL VILLAIN

LIVING DOLLS

MAD SCIENTIST

MYSTERIOUS STRANGER

OLD VIDEO FOOTAGE

RED HERRING

SCIENTIFIC DISASTER

SECRET LABORATORY

SEEING THINGS IN MIRRORS

STORMY WEATHER

STUPID DECISIONS

THE BADDIE WASN'T REALLY DEAD

THE KNOW-IT-ALL

```
C S N U D N R T B G G H P
E D R E P S K T R R N B O
N I S O G D N M A W I B T
E P T D R E O I L I R E M
D U R S I R W L T G R F A
D T A C F W I G L C E D R
I S N I U U T M E S H E E
B A G E D V A S H N I H T
R N E N A C L O W N S C S
O I R T R L L V C K S T A
F A M I K S W I W R T A S
G L Y S E I D D A B O W I
V L F T Y C V E M A R N D
O I A I E B T O P G M P M
E V C D S F M K I A Y E Y
```

BEDROOM	FREDDY KRUEGER
BURNED ALIVE	HEATHER LANGENKAMP
CHILD KILLER	GLEN LANTZ
WES CRAVEN	NIGHTGOWN
ROBERT ENGLUND	RAZORBLADE
FEAR	SLEEP
FEDORA	TEENAGER
GLOVE	NANCY THOMPSON
TINA GRAY	UNDEAD

```
U C O R R E L L I K M N Y
N Y C A L C A N R K I A F
D Y R E Y R L U P G R M Y
E S A F O D E E H G O V R
A H V D B G E T A O O D A
D H E N E L G W R Y N Z Z
T F N R S O C D Y U N T O
M H H T W B E E L F R N R
P T O N G B U G V E S A B
L O P M A K N E G N A L L
F V S F P E R A D D C W A
O P V N Y S N S S H Y K D
E V O L G E O C G E O S E
E E V V E C S N S E N W H
R T V T A D B U R N E D W
```

52 James Wan

ANABELLE

AUSTRALIA

ATOMIC MONSTER

BOX OFFICE

DIRECTOR

INSIDIOUS

MALAYSIA

MALIGNANT

PERTH

PRODUCER

SAW

SCRIPT

SEQUELS

SUPERHERO

TELEVISION

THE CONJURING

THE NUN

VIOLENCE

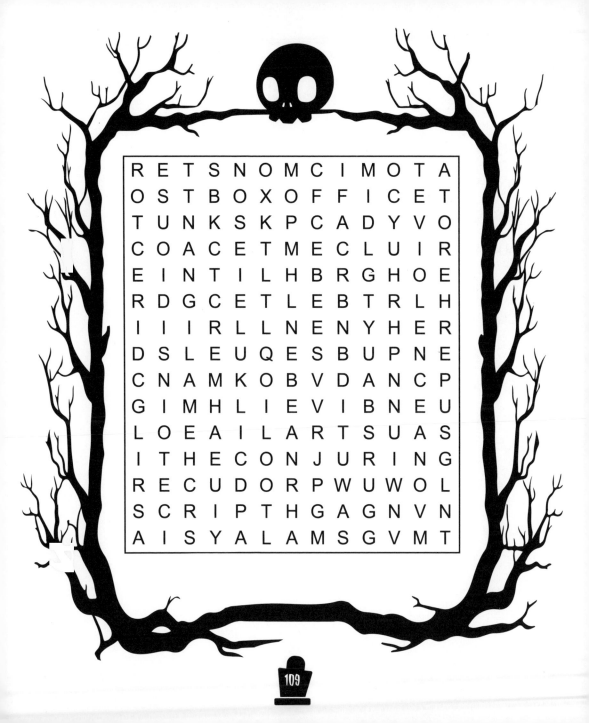

```
R E T S N O M C I M O T A
O S T B O X O F F I C E T
T U N K S K P C A D Y V O
C O A C E T M E C L U I R
E I N T I L H B R G H O E
R D G C E T L E B T R L H
I I I R L L N E N Y H E R
D S L E U Q E S B U P N E
C N A M K O B V D A N C P
G I M H L I E V I B N E U
L O E A I L A R T S U A S
I T H E C O N J U R I N G
R E C U D O R P W U W O L
S C R I P T H G A G N V N
A I S Y A L A M S G V M T
```

109

53   The Thing

ALIEN

ANTARCTICA

ASSIMILATE

AUTOPSY

BLOOD

CONFLICT

COPPER

CREATURE

DOGS

EXCAVATE

IMITATE

INCINERATE

LIFEFORM

PARANOIA

SNOW

SPACECRAFT

STORM

TRANSFORM

```
Y A S F W R I L Y P V T P
S M L P E O V M C N K E E
G M T P A Y N E I H C F R
O M P T U C D S Y T D A U
D O L R T E E I G O A N T
C E U A O G C C O M F T A
E T S N P P P L R D L A E
X A U S S B O V A I R R
C R G F Y A T R H C F C C
A E Y O V S S B F B E T L
V N H R O K G Y W Y F I G
A I E M T C I L F N O C K
T C A I O N A R A P R A D
E N B W L K B H B F M N F
B I W E T A L I M I S S A
```

Psycho
by Robert Bloch

MARION CRANE

FAIRVALE

ALFRED HITCHCOCK

JANET LEIGH

KNIFE

SAM AND LILA LOOMIS

MATRICIDE

MOTEL

NORMAN

ANTHONY PERKINS

PERSONALITY DISORDER

PHOENIX

POISON

PSYCHOTIC

SCREAM

SHOWER

SUICIDE

WIG

```
I Y S M B M P M S A M B T
S P C R E L A V R I A F F
H D S P S E U N Y H T C L
O L D Y R C O D P I R L S
W I C C C S W E H T I O S
E L S R I H R Y O C C U D
R S K O A K O V E H I S I
N P P K I N R T N C D K S
A C Y N M L E A I O E K O
M L S U O O G D X C O N R
R E L L T O E O A K T I D
O I F E E M D P G W C F E
N G M A L I B G V H G E R
F H F R K S G I W M B D Y
M E K M V U K P L N B Y R
```

55

Tropes – Part Two

ABANDONED <u>PLACES</u>

<u>BROKEN</u> TECHNOLOGY

CAMPFIRE <u>STORIES</u>

CREEPY <u>MUSIC</u>

<u>CULTS</u>

DILAPIDATED <u>FAIRGROUND</u>

EVIL <u>BOYFRIEND</u>

LOST <u>CRITICAL</u> ITEM

NIGHTMARE OR <u>REALITY</u>

ONE LAST <u>SCARE</u>

OPEN <u>WINDOWS</u> AND DOORS

<u>PECULIAR</u> CHILDREN

SLOW <u>MOTION</u>

THE <u>PRIEST</u>

<u>TRESPASSING</u>

<u>TWIST</u> ENDING

<u>USELESS</u> ADULTS

<u>WEAPON</u> OUT OF REACH

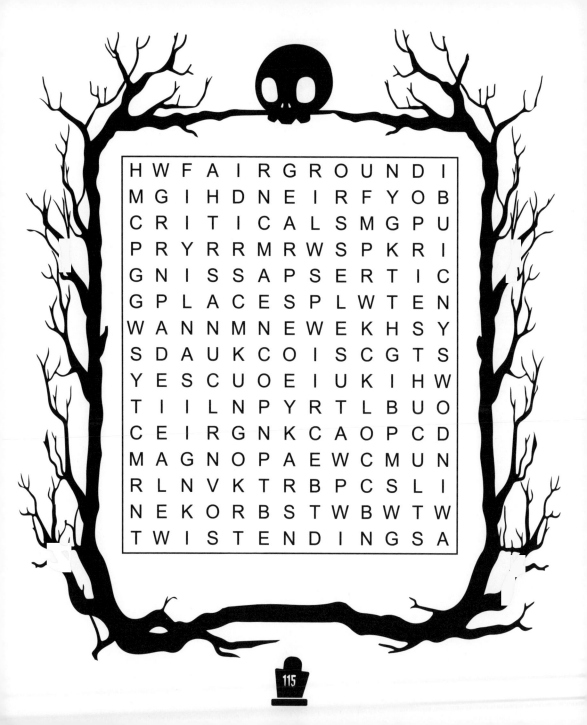

```
H W F A I R G R O U N D I
M G I H D N E I R F Y O B
C R I T I C A L S M G P U
P R Y R R M R W S P K R I
G N I S S A P S E R T I C
G P L A C E S P L W T E N
W A N N M N E W E K H S Y
S D A U K C O I S C G T S
Y E S C U O E I U K I H W
T I I L N P Y R T L B U O
C E I R G N K C A O P C D
M A G N O P A E W C M U N
R L N V K T R B P C S L I
N E K O R B S T W B W T W
T W I S T E N D I N G S A
```

Horror Subgenres

COMEDIC	PARANORMAL
DEMONIC	RELIGIOUS
EROTIC	SLASHER
FOLK	SURVIVAL
GHOST	TECHNO
GORE	URBAN
GOTHIC	VAMPIRE
MACABRE	WEREWOLF
MONSTER	ZOMBIE

```
U W V H D F E W I Y F R E
O M E I O H H B L S E R R
N H I S G C M A N T O E O
H B B R R D V D S T H W G
C O M E D I C N I S P C F
E P O N V P O C A A I L E
T S Z R O M H L R H O E D
M G U R B I S A T W B E N
A S U O T F N O E F M U A
C E O B I O G R F O L K B
A R O Y R G E H N W P A R
B B M M P W I I O T P V U
R U A V L B C L R S O M W
E L V A M P I R E A T V M
C G P R H V Y G R R D B Y
```

57 The Raven
by Edgar Allan Poe (excerpt)

Open here I flung the shutter, when, with many a flirt and flutter,
In there stepped a stately Raven of the saintly days of yore;
    Not the least obeisance made he; not a minute stopped or stayed he;
    But, with mien of lord or lady, perched above my chamber door—
Perched upon a bust of Pallas just above my chamber door—
    Perched, and sat, and nothing more.

Then this ebony bird beguiling my sad fancy into smiling,
By the grave and stern decorum of the countenance it wore,
"Though thy crest be shorn and shaven, thou," I said, "art sure no craven,
Ghastly grim and ancient Raven wandering from the Nightly shore—
Tell me what thy lordly name is on the Night's Plutonian shore!"
    Quoth the Raven "Nevermore."

```
H T O U Q L O R D L Y A O
Y Y N A M S H U T T E R C
N W S A T R D R O O D R W
O M A N I S T E P P E D N
B C L S E N A S C S A D E
E O L M T V O E T O N E V
G U A I N N A T L L R R E
H N P L E M O H U F D U R
A T T I I B Y P S L E S M
S E M N C C Y O U U P A O
T N O G N U L F S T P I R
L A R A A G N I H T O N E
Y N F G R A V E O E T T B
Y C H A M B E R R R S L Y
P E R C H E D E E R O Y Y
```

Directors

DARIO <u>ARGENTO</u>	MARY <u>HARRON</u>
JACK <u>ARNOLD</u>	TOBE <u>HOOPER</u>
CLIVE <u>BARKER</u>	KARYN <u>KUSAMA</u>
TOD <u>BROWNING</u>	JOHN <u>LANDIS</u>
PARK <u>CHAN-WOOK</u>	DAVID <u>LYNCH</u>
JOE <u>DANTE</u>	STEVE <u>MINER</u>
FRANK <u>DARABONT</u>	HIDEO <u>NAKATA</u>
BRIAN <u>DE PALMA</u>	GEORGE A. <u>ROMERO</u>
GUILLERMO <u>DEL TORRO</u>	ADAM <u>WINGARD</u>

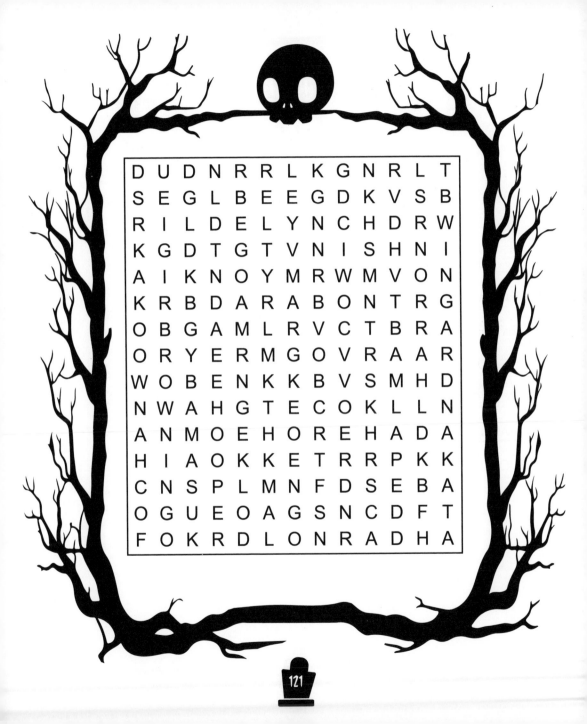

D U D N R R L K G N R L T
S E G L B E E G D K V S B
R I L D E L Y N C H D R W
K G D T G T V N I S H N I
A I K N O Y M R W M V O N
K R B D A R A B O N T R G
O B G A M L R V C T B R A
O R Y E R M G O V R A A R
W O B E N K K B V S M H D
N W A H G T E C O K L L N
A N M O E H O R E H A D A
H I A O K K E T R R P K K
C N S P L M N F D S E B A
O G U E O A G S N C D F T
F O K R D L O N R A D H A

121

59 The Amityville Horror
by Jay Anson

JAY ANSON

JAMES BROLIN

CATATONIC

RONALD DEFEO

FATHER DELANEY

DEMONIC

FRANCHISE

HAUNTED

HOLY WATER

MARGOT KIDDER

GEORGE AND KATHY LUTZ

NEW YORK

OCEAN AVENUE

PHENOMENA

RIFLE

STUART ROSENBERG

SATANIC

STIGMATA

F	B	P	G	R	E	B	N	E	S	O	R	U
A	H	H	Y	E	N	A	L	E	D	L	D	D
E	N	U	R	I	O	R	S	U	E	R	I	A
D	E	E	L	C	E	Z	W	A	T	E	R	T
K	E	O	M	D	C	T	B	N	O	S	N	A
G	R	M	D	O	P	U	U	U	M	L	Y	M
B	M	I	O	E	N	L	L	O	L	D	R	G
N	K	S	C	N	F	E	A	W	Y	C	F	I
E	I	A	E	U	I	E	H	T	S	U	A	T
W	B	T	A	D	L	C	O	P	N	S	A	S
Y	F	A	N	C	I	N	O	T	A	T	A	C
O	R	N	A	Y	T	L	R	R	I	F	L	E
R	V	I	F	R	A	N	C	H	I	S	E	C
K	B	C	H	A	U	N	T	E	D	T	G	D
U	W	G	S	K	F	E	E	G	O	O	S	U

60   Lovecraftian Horror

ABNORMAL	LOVECRAFT
BLEAK	MADNESS
COSMIC	MYSTERY
DREAD	OBSCURE
FANTASY	SLIME
FATE	TRUTH
HORROR	UNKNOWABLE
HUMANITY	UNUSUAL
INSULAR	WEIRD

U	I	D	K	A	P	V	U	I	C	L	C	L
Y	T	I	N	A	M	U	H	C	H	A	E	K
K	L	T	S	T	E	D	W	O	C	M	G	E
D	R	I	E	W	L	L	R	S	A	R	I	M
R	V	E	M	T	O	M	B	M	F	O	D	I
E	Y	L	A	A	V	C	H	I	G	N	U	L
A	R	B	R	M	E	R	U	C	S	B	O	S
D	E	A	Y	O	C	I	K	I	I	A	H	I
C	T	W	S	S	R	M	C	F	R	E	T	N
P	S	O	N	L	A	R	A	S	L	T	U	S
A	Y	N	L	A	F	T	O	D	Y	A	R	U
V	M	K	A	K	T	E	N	H	N	F	T	L
F	C	N	U	G	A	U	U	A	V	E	A	A
O	S	U	N	U	S	U	A	L	F	N	S	R
A	A	N	W	G	T	P	O	Y	C	G	C	S

Killer Looks

<u>BLEEDING</u> EYES

<u>CHILD'S</u> DOLL

<u>CLOWN</u>

<u>DEVIL</u>

<u>FEDORA</u>

<u>FUR COAT</u>

GRIM <u>REAPER</u>

HOCKEY <u>MASK</u>

HOSPITAL <u>GOWN</u>

<u>PINHEAD</u>

PRISON <u>JUMPSUIT</u>

RIPPED <u>JACKET</u>

<u>SCREAM</u> MASK

<u>SOU'WESTER</u>

<u>VAMPIRE</u>

<u>WHITE</u> FACE

<u>WITCH</u>

<u>ZOMBIE</u>

```
W G W A B E N K A S L A D
L P I N H E A D S H G N B
F R E C L A H L R U S L P
E E E T I H W R J O E F V
D A N W V W W U U E T U T
O P S Y E C M W D A G V K
R E F U D P E I O I E T T
A R Y I S S N C C L O W N
Z U I U T G R H E N S I M
O V I E A U P R C D F A R
M T R O F M I D L T E F U
B P G G E P A I A R I D M
I D O K M A H S C I F W T
E W P A Y C B S K W P N O
N T V U H T E J A C K E T
```

The Birds

AVIAN

BIRDS

BODEGA

CHIMNEY

CROWS

FARM

FLOCK

GULLS

HOSPITAL

INJURED

MENACING

PECKED

PET

SCARY

SPARROWS

WHARF

WINGS

WOUNDS

```
S Y A H K W V D O R U I M
O U D C O N W U F T M A T
O E O U M V I W H A R F E
Y L N O R I N S W O R C P
F D U B A C G C L I Y M D
S O O V E O S V V S D D
D D I L A T I P S O H B E
K A V S G N I C A N E M R
N F D I W Y V R N F M Y U
C Y Y A P O S F R D R G J
G R C Y G P R R S A H D N
R D E K C E P R C L B M I
D W P B I R D S A L L G I
K N V B U I G O D P S U E
Y E N M I H C K B C S F G
```

ABERDEEN	IRELAND
AUTHOR	SIR HENRY IRVING
FLORENCE BALCOMBE	LOCOMOTOR ATAXIA
CLONTARF	LONDON
CRITIC	LYCEUM THEATRE
CRUDEN BAY	RUGBY
DRACULA	WEST END
DUBLIN	WHITBY
GOTHIC HORROR	WRITING

S V B N C L O N T A R F G
E T C U O H K E P R K L E
F G T O H D K D R U G B Y
L C R U D E N B A Y O U K
A L U C A R D O U F T B W
H U G C E A T U L G H V R
E A T N I R I M B V I P I
B O N H I T C X A L C H T
M R I E O V I F A A I W I
O U R Y E R R R W T E N N
C T E K B D A I C S A N G
L A L C W T R V T T C K D
A T A B Y S I E D I W V W
B E N D V L N H B D R V U
M B D W E D C O W A A G I

Comedy Horror Movies

ANNA AND THE <u>APOCALYPSE</u>

ARMY OF <u>DARKNESS</u>

<u>CABIN</u> IN THE WOODS

<u>CEMETERY</u> MAN

CREEP <u>SHOW</u>

DEAD <u>SNOW</u>

EATING <u>RAOUL</u>

<u>GREMLINS</u>

HAPPY <u>DEATH</u> DAY

<u>JENNIFER'S</u> BODY

NIGHT OF THE <u>CREEPS</u>

<u>SCREAM</u>

<u>SHAUN</u> OF THE DEAD

THE <u>FINAL</u> GIRLS

THE LOVE <u>WITCH</u>

<u>TREMORS</u>

<u>TUCKER</u> AND DALE VS EVIL

WHAT WE DO IN THE <u>SHADOWS</u>

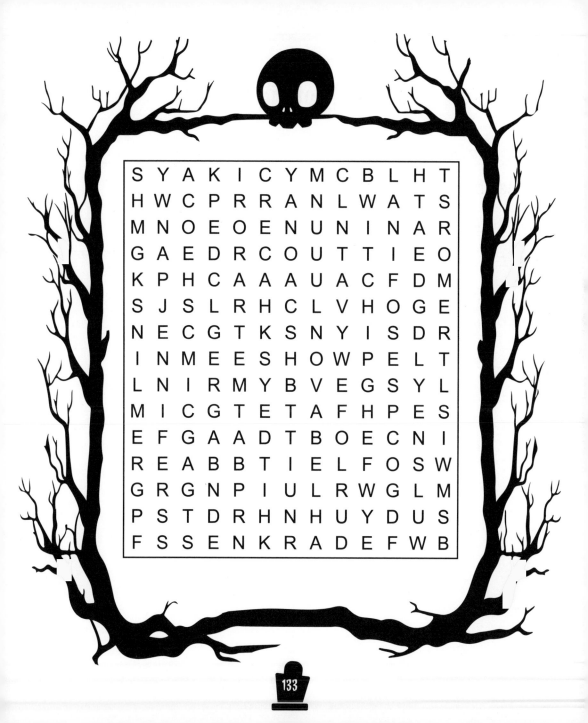

```
S Y A K I C Y M C B L H T
H W C P R R A N L W A T S
M N O E O E N U N I N A R
G A E D R C O U T T I E O
K P H C A A A U A C F D M
S J S L R H C L V H O G E
N E C G T K S N Y I S D R
I N M E E S H O W P E L T
L N I R M Y B V E G S Y L
M I C G T E T A F H P E S
E F G A A D T B O E C N I
R E A B B T I E L F O S W
G R G N P I U L R W G L M
P S T D R H N H U Y D U S
F S S E N K R A D E F W B
```

133

65

Found Footage Movies

AFFLICTED

AS ABOVE, SO BELOW

CANNIBAL HOLOCAUST

CREEP

DEADSTREAM

FRANKENSTEIN'S ARMY

GONJIAM: HAUNTED ASYLUM

GRAVE ENCOUNTERS

HOST

LAKE MUNGO

PARANORMAL ACTIVITY

THE DEN

THE LAST EXORCISM

THE TAKING OF DEBORAH LOGAN

THE VISIT

UNFRIENDED

VHS

WILLOW CREEK

```
D T I S I V U O C A O Y K
G I S U C R U A C M D R U
F H A O A Y N O A E S R C
T R H H H N F E T E R S U
V D R I I P R C B E L O W
S H V B Y T I V I T C A Y
C O A W S L E V S C T W B
T L N D F W N G R A V E H
H L A F U V D E C W O X L
E E A L L V E W I L L O W
D L C O E P D L P F H R F
E H G F E P C D T S P C H
N A K K D R D V M O R I A
N O G N U M U Y M R A S I
F S M A I J N O G D F M I
```

66

The Damned Thing
by Ambrose Bierce (excerpt)

Before I could get upon my feet and recover my gun, which seemed to have been struck from my hands, I heard Morgan crying out as if in mortal agony, and mingling with his cries were such hoarse, savage sounds as one hears from fighting dogs. Inexpressibly terrified, I struggled to my feet and looked in the direction of Morgan's retreat; and may Heaven in its mercy spare me from another sight like that! At a distance of less than thirty yards was my friend, down upon one knee, his head thrown back at a frightful angle, hatless, his long hair in disorder and his whole body in violent movement from side to side, backward and forward. His right arm was lifted and seemed to lack the hand—at least, I could see none. The other arm was invisible. At times, as my memory now reports this extraordinary scene, I could discern but a part of his body; it was as if he had been partly blotted out—I cannot otherwise express it—then a shifting of his position would bring it all into view again.

```
M R D V E X P R E S S F O
O N I I D K S T R U C K D
R O S O T N C A V S E T E
T I C L H H E A N G L E I
A T E E G H A I L O B E F
L I R N I S O N R D I F I
R S N T S M H G D F S N R
E O T H E R W I S E I G R
C P E R O F E B F A V A E
O P B G O A P D G T N G T
V E E N K P R A R M I O N
E N E C S V E S E O V N U
R E T R E A T R E U S Y G
L O O K E D C D E T F I L
P A R T L Y M O R G A N D
```

67

Thomas Harris

AMERICA

AUTHOR

BLACK SUNDAY

CRIME

DAUGHTER

ENGLISH

GRADUATE

HANNIBAL RISING

HORROR

NEWSPAPER

NOVEL

OSCARS

PRESS

RED DRAGON

TENNESSEE

THE SILENCE OF THE LAMBS

TYPEWRITER

UNIVERSITY

```
V S R A C S O N F E U K E
T A K A I Y S L T F M M O
C R I M E V H U N O Y O S
R T L B R S H O N T F B L
T E A C I E V O I D M W A
E W T L D E T S R A A C B
N R G I L K R H L R V Y I
N N E P R E S S G A O G N
E Y S P V W V R M U H R N
S R I I A N E U Y L A A A
S H N T K P O P T Y H D H
E U G L O P S G Y A V U R
E R H Y V G P W A T M A I
V R O H T U A M E R E T W
O M A C I R E M A N D E S
```

68

Monstrous Mummies

ARCHEOLOGY	HORROR
ARTEFACT	RAMESSES
BONES	RELIC
CAVE	SKELETON
CORPSE	SKIN
CRYPT	SKULL
EGYPT	STAGGER
HAUNTING	TOMB
HISTORY	WALKING

```
G N I K L A W L L U K S L
F N E B C G W U T E S H S
W R G P S N M C R M K O M
Y I W D A R A P M E I K F
G R T K N F F C K A W F M
O E O I E G N I T N U A H
L Y K T R E L I C M E W M
O S R R S O R A S S I S T
E A F A B I R E P T E P Y
H O F M M C H R G N Y M E
C I O O A E O C O G E B C
R T E V A C S B E H A R B
A I O Y O Y Y S B B Y T E
S K E L E T O N E P W K S
N C S Y U F B W T S G K E
```

69

Rosemary's Baby
by Ira Levin

ACTOR

ADRIAN

ANTICHRIST

BABY

COVEN

DEVIL

GOTHIC

GUY

HANGNAIL

HYSTERIA

INHUMAN

MURDER

RAW MEAT

RITUAL

ROSEMARY

SATANIC

SCRATCHES

WITCHCRAFT

```
U D D L L V S U A L T K Y
E U Y R A Y W H D I P U D
Y B D A B U C T N A G N K
K O R I U K T T G N L A N
R E D R U M M I F G L G M
B L H E E R K A R N I R T
E I R T B M O N T A V O F
I H L S C R A T C H E S A
C N G Y N V E I C G D E R
I H H H K A I C B A L M C
N Y N U V R I H K A W A H
A T A E M W A R G W B R C
T I N D V A F I D V Y Y T
A U P R Y O N S C A R L I
S G O T H I C T H E M T W
```

Villains – Part Two

NORMAN BATES

BUFFALO BILL

MINNIE CASTEVET

FRANKENSTEIN

ANNA IVERS

LEATHERFACE

LEPRECHAUN

PELLE

JULIAN SLOWIK

LARRY TALBOT

THE ENTITY

THE EXORCIST

THE HITCHER

THE TOOTH FAIRY

DAMIEN THORN

CARRIE WHITE

XENOMORPH

SADAKO YAMAMURA

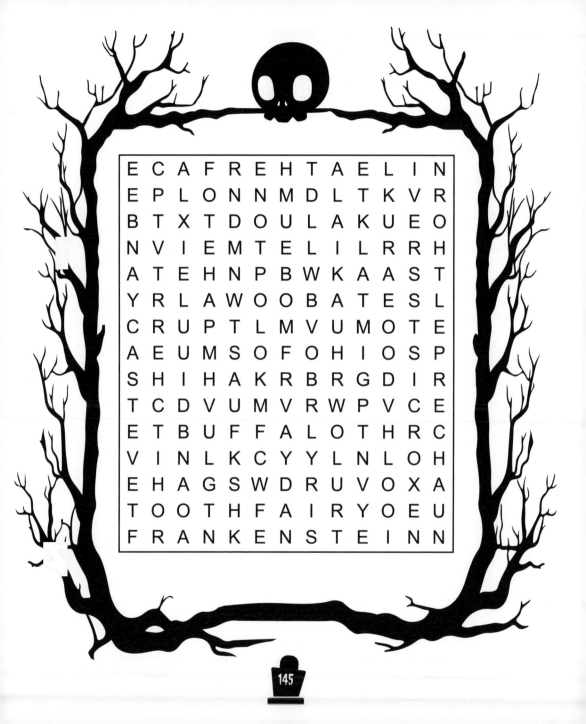

```
E C A F R E H T A E L I N
E P L O N N M D L T K V R
B T X T D O U L A K U E O
N V I E M T E L I L R R H
A T E H N P B W K A A S T
Y R L A W O O B A T E S L
C R U P T L M V U M O T E
A E U M S O F O H I O S P
S H I H A K R B R G D I R
T C D V U M V R W P V C E
E T B U F F A L O T H R C
V I N L K C Y Y L N L O H
E H A G S W D R U V O X A
T O O T H F A I R Y O E U
F R A N K E N S T E I N N
```

71   Friday the 13th

AMBULANCE

BLOOD

DECAPITATE

FRIDAY

GORY

HATRED

HOCKEY MASK

HORROR

KNIFE

MACHETE

REOPEN

REVENGE

SHRINE

SLASHER

STAFF

SUMMER

SUPERSTITION

THIRTEENTH

```
H E N E M P C F M A M F G
P F E A V U B G P R E E N
G I P C V H W W O L I R O
M N O K A Y F R I D A Y I
S K E D A C R S E S A G T
D U R H E O H D O L M H I
B S M D H R E E Y A B T T
L T A M I G T C R S U N S
O A W N E O E A N H L E R
O F E P M R H P H E A E E
D F W Y O Y C I A R N T P
N I R K K D A T A E C R U
H O C K E Y M A S K E I S
R E V E N G E T D I H H N
E I E L U S V E O N C T S
```

Buffy the Vampire Slayer
– Part Three

ADAM

BRONZE

DEMONS

SARAH MICHELLE GELLAR

GLORY

SETH GREEN

HALFREK

HARMONY

FAITH LEHANE

MAGIC BOX

JASON MASTERS

WARREN MEARS

MARC METCALF

RIPPER

WILLOW ROSENBERG

SPIKE

JOYCE SUMMERS

SUNNYDALE HIGH

```
K G U K K L S W D T G L C
R E R L S R A E M U M T R
V E L E E M E T C A L F V
S M P A B H C Y D N O V Y
B R A P D N A A H E G P U
P P E G I Y E N H A S B E
E C T T I R N S E F P T B
Z C D H S C W N O W I M N
N V G R A A B C U R K E S
O I P R A R M O U S E O R
R E B L G L M N X R M E E
B R N D L F L O G P I M M
K D E M O N S E N F L Y M
L U O E R K W B G Y D M U
G Y R I Y K E R F L A H S
```

73 Frankenstein; or, The Modern Prometheus
by Mary Shelley

ALCHEMIST

ARCTIC OCEAN

HENRY CLERVAL

CORRESPONDENCE

CREW

FRANKENSTEIN

GOTHIC

IRELAND

ELIZABETH LAVENZA

MONSTER

NORTH POLE

ORKNEY

PACK ICE

SCIENCE EXPERIMENT

SCOTLAND

SHIP

VICTOR

CAPTAIN ROBERT WALTON

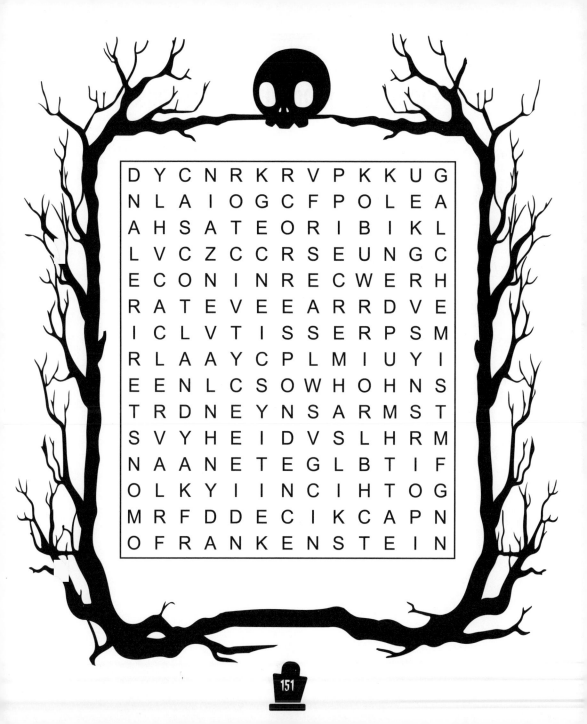

```
D Y C N R K R V P K K U G
N L A I O G C F P O L E A
A H S A T E O R I B I K L
L V C Z C C R S E U N G C
E C O N I N R E C W E R H
R A T E V E E A R R D V E
I C L V T I S S E R P S M
R L A A Y C P L M I U Y I
E E N L C S O W H O H N S
T R D N E Y N S A R M S T
S V Y H E I D V S L H R M
N A A N E T E G L B T I F
O L K Y I I N C I H T O G
M R F D D E C I K C A P N
O F R A N K E N S T E I N
```

151

74   Blood-curdling Slipknot Songs

ALL _HOPE_ IS GONE

BE _PREPARED_ FOR HELL

BONE _CHURCH_

BUTCHER'S HOOK

DESPISE

EYELESS

HERETIC ANTHEM

LEFT _BEHIND_

MY _PLAGUE_

PULSE OF THE _MAGGOTS_

SCREAM

SNUFF

SPIT IT OUT

THE _BLISTER_ EXISTS

THE _DYING_ SONG

THE _NEGATIVE_ ONE

THE _VIRUS_ OF LIFE

UNSAINTED

```
H O O D E T N I A S N U A
E H H G D A V I I G A U H
R O H N V D S F H O P E S
E B V I M A E R C S A P T
T V T Y I W R S P M R V O
I U I D V B T I P E T D G
C L W T B I T B P I K S G
H O T M A S R A L M S S A
O V Y C N G R U S U D E M
C M C U V E E E S S W L D
H H F S D K K N H R C E N
W F U H K L L E H C V Y I
U P N R U M W T N N T E H
V L T K C H D P L A G U E
P C B M Y H R E T S I L B
```

75 The Horror at Red Hook
by H.P. Lovecraft – Part One (excerpt)

The luminosity of the crypt, lately diminished, had now slightly increased; and in that devil-light there appeared the fleeing form of that which should not flee or feel or breathe—the glassy-eyed, gangrenous corpse of the corpulent old man, now needing no support, but animated by some infernal sorcery of the rite just closed. After it raced the naked, tittering, phosphorescent thing that belonged on the carven pedestal, and still farther behind panted the dark men, and all the dread crew of sentient loathsomenesses. The corpse was gaining on its pursuers, and seemed bent on a definite object, straining with every rotting muscle toward the carved golden pedestal, whose necromantic importance was evidently so great…

```
E A L C D G N I N I A G P
G T F A S E N T I E N T A
N D I T T E S P R O C R N
I F R N H S T O F L I O T
R L O E I I E I L L T P E
E E T T A F N D R C N P D
T E T L B D E G E R A U D
T I I K A T I D K P M S E
I N N A P N F E E L O S S
T G G Y P U R S U E R S A
B B R E A T H E M R C L E
A C A G R E A T F A E L R
S T R A I N I N G N N I C
L U M I N O S I T Y I T N
D E V R A C A R V E N S I
```

The Shining
by Stephen King

AUTHOR

CARETAKER

CLAIRVOYANT

COLORADO

DANNY

SHELLY DUVALL

GHOSTS

DELBERT GRADY

HEDGE MAZE

ISOLATION

STANLEY KUBRICK

MALLET

JACK NICHOLSON

OVERLOOK HOTEL

ROCKY MOUNTAINS

JACK TORRANCE

TYPEWRITER

WRITER'S BLOCK

```
C K S N I C H O L S O N W
G L O T D D O T G M I I B
M N A O S B F L T B G W I
I G I I L O R H O P L H A
G O Y S R R H N C R L N U
R G R E O V E G A R A F T
T N D C K L O V U T V D H
E M K N U P A Y O K U L O
L Y P A B H G T A W D B R
L M E R R I R B I N B G V
A A V R I P A Y L O T M G
M Z G O C R D N N O N N U
V E L T K R Y G H N C G U
R E T I R W E P Y T A K B
E B R E K A T E R A C D P
```

77

Stephen King

AWARDS

RICHARD BACHMAN

CHILDREN

ENGLISH

FICTION

FILM

GRADUATE

KEYBOARD

LITERATURE

MAINE

POLITICS

PORTLAND

PROLIFIC

PSEUDONYM

SHORT STORIES

TABITHA SPRUCE

SUSPENSE

WRITER

```
N G C M P M N W L P P P N
V E N G L I S H K S G O G
G A C I O B T U F E T R P
E W F W R I T E R U A T O
N A M H C A B L S D N L L
D R A O B Y E K U O O A I
C D N L K O V A S N I N T
C S E I R O T S P Y T D I
I D R G C E W S E M C K C
F R D T S M V D N M I K S
I S L T H P S U S A F S W
L H I R K F R G E I T F I
O C H Y I E N U D N V A I
R G C Y Y U D M C E N K H
P F Y E R U T A R E T I L
```

78

Zombie Movies

28 WEEKS LATER

BRAINDEAD

DEAD SNOW

FIDO

LITTLE MONSTERS

NIGHT OF THE COMET

RE-ANIMATOR

REC

RESIDENT EVIL

SHAUN OF THE DEAD

THE BEYOND

THE GIRL WITH ALL THE GIFTS

THE HAPPINESS OF THE KATAKURIS

THE SERPENT AND THE RAINBOW

TRAIN TO BUSAN

WORLD WAR Z

ZOMBIE FLESH EATERS

ZOMBIELAND

```
H C D N A L E I B M O Z D
C E R Y O G S D R C Y O H
E C R E A N I M A T O R M
C M P A U L R U I G O S W
S C Y S A F U M N P W L F
V R E T G D K U D F I D O
T H E G N G A D E B Y R G
N R G T A H T I A A O A G
E O R A S B A L D C P I C
D T D P U N K S D N F N W
I L T C B R O S D T Y B A
S S R E R U N M S E K O V
E E K O M O Y M E B O W I
R E I I W O H S E L F O L
Y I O V T R C B E Y O N D
```

The Life of Edgar Allan Poe

AMERICA	DRINKING
ARMY	GOTHIC FICTION
BALTIMORE	GRIEF
BOSTON	LOSS
BRONX	MILITARY ACADEMY
BURIAL	POET
VIRGINIA ELIZA CLEMM	STRESS
COTTAGE	WEST POINT
DARK ROMANTICISM	SARAH HELEN WHITMAN

```
S Y C A L B G E G E W U K
M U P L D A N K M H F R W
A M G B E R O M I T L A B
I M E O Y M I S X M U V O
H W E L T Y S N T L F L D
I E N R C H O I K R T D L
E S A C I R I Y D I E D A
G T M C B C W C U L N S U
A P T N C Y A R A E T G S
T O I N U D B I G P D V D
T I H R P E R W W K U T K
O N W D L U K Y Y G E W D
C T K A B B O S T O N T M
F E I R G I U R P L O S S
G U Y K Y M E D A C A Y E
```

80 Villains – Part Three

ANNABELLE

AUDREY II

CHUCKY

HENRY

JIGSAW

KRUG

LESTAT

MEGAN

PAZUZU

PENNYWISE

PINHEAD

THE BEAST

THE BLOB

THE COLLECTOR

THE CREEPER

THE HAND

THE PALE MAN

THE SLENDER MAN

```
N P A L E M A N R I D O O
Y R N E H E N N E I G K R
B G T S C L N L P Y B W H
C L A W E C A Y E E L A G
M V O S S L B K E R N S S
C B T B L F E H R D C Y H
L A R N E G L B C U O V B
T H D Y N E L H P A L A V
J S I A D A E N U T L Y M
D I A H E U S Z W S E K E
K R G A R H U C W A C C G
R V S S M Z N C C E T U A
U S S N A B M I H B O H N
G N G P N W N L P T R C T
P E N N Y W I S E R W V D
```

ALIEN

ARTIFICIAL INTELLIGENCE

BEAST

CANNIBAL

CLOWN

DECAPITATED HEAD

DEMON

EVIL SPIRIT

INBRED COUNTRY FOLK

MAD SCIENTIST

MONSTER

MUMMY

POLTERGEIST

POSSESSION

PSYCHOPATH

ROBOT

SEVERED HAND

VAMPIRE

```
L A I R T I R I P S T N T
K A Y O Y K S H F D W N T
S M B M P N O B E O Y O S
W O M I K C E R L F T I I
R U T L N A B C B S D S E
M A S M S N P E I I V S G
O R N T I S A T R H E E R
N T A B M N N C I R V S E
S I E L U E B C I N U S T
T F I T I H C P O I N O L
E I P C E I M M E E A P O
R C S A W A E G M D O C P
T I D E V D E R E V E S E
K A P S Y C H O P A T H R
A L I E N I T N H H U E M
```

82   Men in Horror Movies – Part One

TOM <u>ATKINS</u>

KANE <u>HODDER</u>

DOUG <u>BRADLEY</u>

DUANE <u>JONES</u>

ANDREW <u>BRYNIARSKI</u>

BORIS <u>KARLOFF</u>

JOHN <u>CARRADINE</u>

KLAUS <u>KINSKI</u>

TOM <u>CONWAY</u>

BELA <u>LUGOSI</u>

PETER <u>CUSHING</u>

DEREK <u>MEARS</u>

BILLY <u>DRAGO</u>

DONALD <u>PLEASENCE</u>

DWIGHT <u>FRYER</u>

JURGEN <u>PROCHNOW</u>

SID <u>HAIG</u>

CLAUDE <u>RAINS</u>

```
W B E A R E L T M S E N R
E C N E S A E L P R N W D
B H V K D R B U U A I L G
C O G A R D C G E E D W K
Y B F W Y W A O G M A W D
W E R O E C H S M F R V Y
D O L T K N D I I N R B A
R G N D S F F O L R A K W
E N H H A N I A R I C O N
D I D I C R I V S E B G O
D H D K L O B K J N Y G C
O S I S D S R O T Y I R V
H U L N L B N P N A B A F
U C O I T E I F H T A D R
O V I K S R A I N Y R B W
```

169

83   Leading Ladies and Scream Queens

LINDA BLAIR

NEVE CAMPBELL

KATIE CASSIDY

CHRISTIE CLARK

ELLIE CORNELL

COURTENEY COX

JULIETTE CUMMINS

LEZLIE DEANE

TIPPI HEDREN

RENEE JONES

ELIZABETH KAITAN

ADRIENNE KING

KRISTINA KLEBB

JANET LEIGH

KERRY NOONAN

JENNIFER RUBIN

AMY STEEL

BROOKE THEISS

```
K N B Y D I S S A C B X C
I S O A U H C I E F O U R
N U T O O B R K Y C M L U
G E S E N O E E N M M C B
H W G N E A B C I B B O I
L P V V F L N N N L P R N
F T M H D F S R G A V N N
W R C M K B N G G I U E E
Y K A M P O L W B R V L R
N M M K I K C D L K S L D
A N P I L H P C E A J G E
T Y B F W E L D I A O Y H
I C E P Y A B P G K N Y P
A V L P R Y A B H Y E E N
K R L K K U T H E I S S L
```

84 The Spectre Bridegroom
by Washington Irving (excerpt)

"No! no!" replied the stranger, with tenfold solemnity, "my engagement is with no bride—the worms! The worms expect me! I am a dead man—I have been slain by robbers—my body lies at Würtzburg—at midnight I am to be buried—the grave is waiting for me—I must keep my appointment!"

He sprang on his black charger, dashed over the drawbridge, and the clattering of his horse's hoofs was lost in the whistling of the night blast.

The baron returned to the hall in the utmost consternation, and related what had passed. Two ladies fainted outright, others sickened at the idea of having banqueted with a spectre. It was the opinion of some that this might be the wild huntsman, famous in German legend. Some talked of mountain sprites, of wood-demons, and of other supernatural beings with which the good people of Germany have been so grievously harassed since time immemorial.

```
O P I N I O N D N E G E L
S I C K E N E D E R E V O
D O O G I R E L A T E D W
K D Y A E D I R B C M N H
W E L L A I R O M E M M I
E S W O R M S F V P T I S
N S L B F C P A S S E D T
G A M E B N R I V U B N L
A R O I L G E N W O C I I
G A U N A M S T N U H G N
E H N G S P E E K O A H G
M O T S T B O D Y M R T D
E O A W G N A R P S G A Y
N F I T S O M T U A E S B
T S N B U R I E D D R R W
```

Suitable for Kids?

BEETLEJUICE

CORPSE BRIDE

CRUELLA

ERNEST SCARED STUPID

GOOSEBUMPS

GREMLINS

LABYRINTH

LITTLE SHOP OF HORRORS

MONSTERS, INC

MUPPETS HAUNTED MANSION

NIGHT BOOKS

SCOOBY-DOO

SPIRITED AWAY

THE ADDAMS FAMILY

THE DARK CRYSTAL

THE SECRET OF NIMH

THE SPIDERWICK CHRONICLES

THE WITCHES

```
E S S E H C T I W L U S V
D C S P I R I T E D C P D
B O R W W Y U K V R L I G
E O E S L S K W U G P D O
E B T G M T Y E U U C E O
T Y S R H A L R T U O R S
L D N E V L D S N H H W E
E O O M A R C D O N T I B
J O M L K Y K R A C N C U
U N R I R S R V E L I K M
I I K N D O T E B N R F P
C M C S R G I R Y I Y K S
E H T S G T I B I G B N F
W G B Y W D B P O H A W I
C B S T E P P U M T L B U
```

175

Animals of Horror

ALLIGATOR	JACKAL
ANACONDA	LION
BARRACUDA	OCTOPUS
BAT	ROTTWEILER
BEAR	SPIDER
BOAR	TIGER
CRAB	WASP
CROCODILE	WOLF
CROW	YETI

```
R G B E R E D I P S E F N
R W A B L F R I O O L S V
I O T E N H T S T P I R P
W S T U M E B F O E D U S
E A L T Y E M A W M O I A
H W D G W R U P R C C U W
R L G U O E I L T C O W R
E W O R C T I O M C R V O
B H Y N E A P L B D C H T
T E L F O U R V E O V G A
I S A N S I B R H R A Y G
G V K R L M L P A G N R I
E K C S V W O L F B G F L
R I A N A C O N D A L O L
B W J D T T H H N B K I A
```

DRACULA

LADY ATHLYNE

MISS BETTY

SEVEN GOLDEN BUTTONS

THE BURIAL OF THE RATS

THE CHAIN OF DESTINY

THE COMING OF ABEL BEHENNA

THE FATE OF FENELLA

THE GARDEN OF EVIL

THE JEWEL OF SEVEN STARS

THE JUDGE'S HOUSE

THE LADY OF THE SHROUD

THE LENGTH OF THE WHITE WORM

THE MYSTERY OF THE SEA

THE NIGHT OF THE SHIFTING BOG

THE PRIMROSE PATH

THE SHOULDER OF SHASTA

THE SNAKE'S PASS

```
B H T W U A B H H S M N M
Y E Y T T E B L L K L B I
R E H S E S B U R I A L G
E S A E F N B W G R D N E
T H F L N U Y N I T S E D
S A W I T N I L U I O D P
Y D L T S T A U H O S R D
M S O U F N E V O T I A M
V N E I C D A R N M A G J
S C H G T A U K R H V G E
N S N F D I R O E M S F W
D N B R B U S D R S R C E
A K Y F S E J E T H G O L
T C D Y S D T C K N S I W
P S E K R Y F E N E L L A
```

179

AMBLIN ENTERTAINMENT

BLUE UNDERGROUND

CIRCLE OF CONFUSION

DEL TORO PRODUCTIONS

HAMMER FILMS

LIONSGATE

MIRAMAX

NEW LINE CINEMA

PLATINUM DUNES

ROGUE PICTURE

SHUDDER

SPECTRE VISION

TROMA ENTERTAINMENT

TWISTED PICTURES

UNIVERSAL PICTURES

VERTIGO ENTERTAINMENT

VINEGAR SYNDROME

WARNER BROS

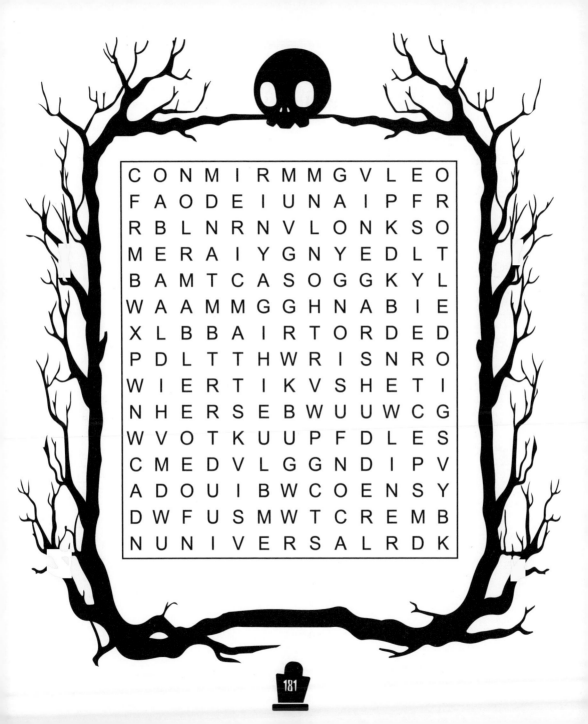

181

Heavy Metal Horror Songs

ASHES IN YOUR MOUTH

BELLY OF THE BEAST

BORN DEAD

BOWELS OF THE DEVIL

CREEPING DEATH

DEAD SKIN MASK

ENTER SANDMAN

EVIL TWIN

FEAR OF THE DARK

HARVESTER OF SORROW

HELL ON EARTH

IN MY DARKEST HOUR

PAINTING IN BLOOD

RATTLEHEAD

THE DEVIL YOU KNOW

THE EVIL THAT MEN DO

THE NUMBER OF THE BEAST

THE UNFORGIVEN

```
D K B P L R S I I T T N O
A H T R A E A G B M A W O
E W O Y V R N E M M O S O
D H P I O I L H D R D V N
N T L L P L B N R R R R K
R R T E Y A A O O H A E U
O T E A C S S T W F T E N
B R S B V G O H C E T N F
C D S E M A Y C E N L K O
R O O O K U T V G S E S R
M L E O K R N I W T H U G
U Y I K L N A E I M E R I
I K S A W B O D U A A W V
I A C O F W Y W U R D R E
M K F C M D H D N K F T N
```

ANGEL

ATTIC

BOX

CARNAL

CENOBITES

CHAINS

CONFIGURATION

DEATH

DEMON

EXPERIMENTS

GATEWAY

LAMENT

PAIN

PINHEAD

REALM

RESURRECT

SOUL

UNLEASH

```
C A F H T A E D G H K U O
O E E N I L T A W U F M Y
N X H S S W T T N P A I N
F P I N H E A D I A E C G
I E U F W L H D D C H A H
G R D A F C T E L A P U M
U I Y N C P T A I N G T C
R M H K L O N N P C N C E
A E A S B R S S O E O I N
T N H N A R D E M O N M O
I T G C G E T A D O L T B
O S X O B E L P Y A H H I
N N S L C U L N E R W W T
Y L C T C E R R U S E R E
L E V B C S O U L K P W S
```

91 The Texas Chainsaw Massacre

BONES

CEMETERY

CHAINSAW

CORPSE

ESCAPE

FLESH

GRANDPA

HAMMER

HITCHHIKER

IMPALE

KILLER

LEATHERFACE

MASK

MASSACRE

MEAT HOOK

PICKUP TRUCK

ROTTING

TEXAS

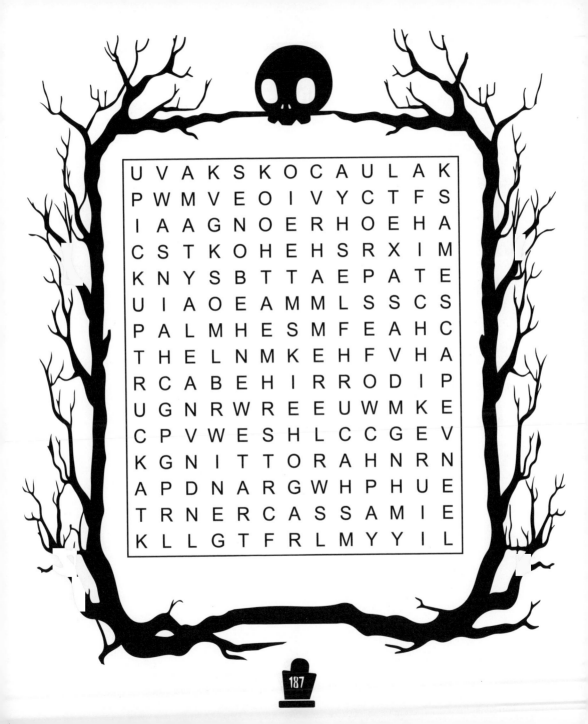

```
U V A K S K O C A U L A K
P W M V E O I V Y C T F S
I A A G N O E R H O E H A
C S T K O H E H S R X I M
K N Y S B T T A E P A T E
U I A O E A M M L S S C S
P A L M H E S M F E A H C
T H E L N M K E H F V H A
R C A B E H I R R O D I P
U G N R W R E E U W M K E
C P V W E S H L C C G E V
K G N I T T O R A H N R N
A P D N A R G W H P H U E
T R N E R C A S S A M I E
K L L G T F R L M Y Y I L
```

187

Horror Writers

CLIVE BARKER	JOE HILL
AMBROSE BIERCE	SHIRLEY JACKSON
WILLIAM PETER BLATTY	STEPHEN KING
ROBERT BLOCH	DEAN KOONTZ
RAY BRADBURY	RICHARD LAYMON
RAMSEY CAMPBELL	IRA LEVIN
NEIL GAIMAN	ANNE RICE
THOMAS HARRIS	ROBERT LOUIS STEVENSON
JAMES HERBERT	BRAM STOKER

```
D C U K U R S R B P L D B
B C I Y E C T U F L N K O
L C Y K R U E U I M O H R
D C R I O U V H V G S G R
E A C F H O E S T O K E R
B E Y A O H N O F Y C E M
H C Y R C N S T G C A B U
E N A O U I O Y Z S J O A
R D L M R B N L A Y M O N
B B N R P I D B I E R C E
E H A I L B L A T T Y I C
R H M E E O E K R H L D F
T C I U V L D L I B C R P
T Y A L I Y F F L N M M O
U W G A N S C G M E G O Y
```

The Doll's Ghost
by Francis Marion Crawford (excerpt)

93

It was Nina's doll voice that had spoken, and he should have known it among the voices of a hundred other dolls…. Mr. Puckler stood up, stark and stiff, and tried to look round, but at first he could not, for he seemed to be frozen from head to foot.

Then he made a great effort, and he raised one hand to each of his temples, and pressed his own head round as he would have turned a doll's. The candle was burning so low that it might as well have been out altogether, for any light it gave, and the room seemed quite dark at first. Then he saw something. He would not have believed that he could be more frightened than he had been just before that. But he was, and his knees shook, for he saw the doll standing in the middle of the floor, shining with a faint and ghostly radiance, her beautiful glassy brown eyes fixed on his.

```
O D S F H S T A N D I N G
F L O O R D N U O R W R G
R I W O M I P L K O O H S
I B X T T E L S N O O R T
G G H E W S T K M S A B A
H K R A D I K H T D T L R
T G M E F C F L I U T I K
E L I F A D Y A R N S G H
N A D R K T N N N P G H P
E S D O N C E H O I I T R
D S L Z E D D K H A N D E
W Y E E E S E C I O V A S
N O R N S N U F A I N T S
S E L P M E T C A N D L E
B E L I E V E D S E Y E D
```

191

94

Comics

CHAMBER OF <u>DARKNESS</u>

DR <u>SPEKTOR</u> PRESENTS
   SPINE TINGLING TALES

<u>EERIE</u>

<u>ELVIRA</u> MISTRESS OF THE
   DARK

<u>FORBIDDEN</u> TALES OF DARK
   MANSION

<u>MIDNIGHT</u> TALES

<u>NIGHTMARE</u>

<u>PLOP</u>

<u>SCARY</u> TALES

SECRETS OF <u>SINISTER</u> HOUSE

<u>STRANGE</u> CASES

TALES FROM THE BLACK
   <u>MUSEUM</u>

TALES FROM THE <u>CRYPT</u>

THE <u>HAUNT</u> OF FEAR

THE <u>VAULT</u> OF HORROR

TOWER OF <u>SHADOWS</u>

<u>VAMPIRELLA</u>

<u>WEIRD</u> MYSTERY TALES

```
T D A L L E R I P M A V E
L B N M N T N P F S S G I
U A A U A E R E T H Y M R
A N G E K Y D R A O V E E
V E I S U M A D G S L W E
S R W U D N O D I V R T N
I A T M G W P A I B H H W
N M P E S I C R T G R E Y
I T Y M C R A K I E I O G
S H R I A P C N I R B H F
T G C N R P D E D W S A D
E I U B Y I P S Y G W U M
R N C A M L K S W N O N S
Y B U N O P A G T R A T O
D R S P E K T O R O S W M
```

95

The Works of H.P. Lovecraft

A <u>REMINISCENCE</u> OF
   DR SAMUEL JOHNSON

AT THE MOUNTAINS OF
   <u>MADNESS</u>

BEYOND THE WALL OF <u>SLEEP</u>

<u>COOL AIR</u>

<u>DAGON</u>

<u>MEMORY</u>

PICKMAN'S <u>MODEL</u>

<u>POLARIS</u>

THE <u>ALCHEMIST</u>

THE CALL OF <u>CTHULHU</u>

THE DOOM THAT CAME TO
   <u>SARNATH</u>

THE <u>DUNWICH</u> HORROR

THE <u>LURKING</u> FEAR

THE MUSIC OF ERICH <u>ZANN</u>

THE <u>OUTSIDER</u>

THE SHADOW OVER
   <u>INNSMOUTH</u>

THE <u>TOMB</u>

THE WHISPERER IN <u>DARKNESS</u>

```
U C O W S E B N M M L H V
P H E P I I Y E S O Y R U
R S T C R P R B U N D H O
H I B U A T S A S T L E V
C V A N O C M R L U I R L
I E I L W M S E H O E V T
W L H S O L S T M D P S H
N U V S E O C N I O I A T
U R H E S C C S N M R K A
D K P N U E T Y E I C Y N
I I R K O U N H T Y G N R
D N E R O G C D Z O T L A
H G M A C L A K A W M P S
M U W D A A R D N M A B H
A E C N E C S I N I M E R
```

96

A to G of Horror

ABHORRENT	DEPRAVITY
ALARMING	DIABOLICAL
APPARITION	DREAD
AWFUL	EERIE
BEASTLY	FEAR
BLOODBATH	GHOSTLY
CARNAGE	GORY
CREEPY	GRISLY
CURSED	GRUESOME

```
T P E A W I F F F D D R H
N G R I O L H A E M K W L
E D Y M R R L S B U I B A
R E R K R E R F P D L P C
R P O V D U E B Y O P A I
O R G H C S E A O A P C L
H A S G K A L D R Y Y A O
B V M L S A B I V P D R B
A I P T R A T E E G R N A
N T L M T I W E H R E A I
K Y I H O C R F S I A G D
N N R N R C G K U S D E F
G E M O S E U R G L E E S
N L G H O S T L Y Y A Y K
B E W M L O K D S R G D O
```

197

Ghost Words

BANSHEE	REVENANT
BODACH	SHADOWY
DUPPY	SOUL
EERIE	SPIRIT
EIDOLON	SPOOK
GHOUL	SUPERNATURAL
HAUNTING	UNDEAD
ILLUSORY	VISION
PHANTOM	WEIRD

```
I L A R U T A N R E P U S
D L Y G E I R E E H K N D
A S L F N W D H P T F D N
R K S U E I S P O O K E O
E C I I S N T K V H A A I
V L R S A O H N S L E D S
E D U B E T R B U O U G I
N W N O P I W Y P A U I V
A L O K H P D H P T H L K
N D A M M G A O I P C B W
T P I T H N P R L L U O V
F D W L T S I R F O Y D M
B W O H P H S I Y N A A
K Y M S S M V S E V R C E
W R F G E B Y W O D A H S
```

199

AFTERLIFE WITH ARCHIE

ARKHAM ASYLUM

BABY TEETH

BEAUTIFUL DARKNESS

BLACK HOLE

GIDEON FALLS

ICE CREAM MAN

MONSTRESS

REAP WHAT WAS SOWN

SAGA OF THE SWAMP THING

SQUAD

STRAY DOGS

TAPPING THE VEIN

THE PLOT

THE SANDMAN

THROUGH THE WOODS

VICTOR LAVALLE'S DESTROYER

WYTCHES

```
N M A S W P H S V I S S N
A A V A S P M A W S O W O
M E V F A E D P U R O P E
D R A D F R R I E S U W D
N C R R T W Y T C H E S I
A E K M E O D K S Y H Y G
S C H N R Y E W L N A S S
T I A N L L O U V R O D E
A O M O I S N R T E O M T
C E L T F T I S T O V S E
S N M P E O E O W S Q R E
P G A I T A V O K U E A T
T Y L U F I T U A E B D H
L N P L R M Y D M C G U F
L O K C A L B U K G B G D
```

Mary Shelley

BATH

BOARDING SCHOOL

LORD BYRON

FALKNER

FRANKENSTEIN

WILLIAM GODWIN

GENEVA

GOVERNESS

FANNY IMLAY

ITALY

LODORE

LONDON

MARLOW

MATHILDA

NAPLES

SWITZERLAND

THE FORTUNES OF PERKIN
WARBECK

VALPERGA

```
P G L N L M F A L K N E R
N H W H O G L O T S I V G
O I T O O D D P S P B A D
K A E D W W N E D O I L N
B A W T B A N O A B T P A
V I H Y S R R R L H A E L
N N R O E N D B C G L R R
L O C V U I E M E O Y G E
N B O L N N A K C C P A Z
L G B G V F A V N P K I T
O U I M L A Y P E A I T I
D S Y N H A E K L N R E W
O I I W O L R A M E E F S
R M A T H I L D A R S G C
E O S M S C B R C C W I O
```

203

TV Shows

AMERICAN HORROR STORY

ARE YOU AFRAID OF THE DARK?

ASH VS EVIL DEAD

BLACK MIRROR

CHANNEL ZERO

DARK SHADOWS

GHOST HUNTERS

KOLCHAK: THE NIGHT STALKER

NIGHT GALLERY

PENNY DREADFUL

STRANGER THINGS

THE KINGDOM

THE RETURNED

THE TERROR

THE TWILIGHT ZONE

THE VAMPIRE DIARIES

THE X-FILES

TRUE DETECTIVE

```
D K A Y R E L L A G T E F
T A M L N E R O R R I M V
V H E G K D T R T R L M O
R C R A C K T U E C O S V
W L I G G C H G R D H Y A
E O C H A O N E G N S G M
L K A O E A I N C E E Y P
U T N S R V I L M E L D I
F D W T R K I W S V I F R
D I S I L O Z T S I F M E
A A F S L C R E C L X C A
E R B C H I U R R E W H C
R F S I N G G G E O T T S
D A S W O D A H S T V E D
U H H P K D N D T D W R D
```

205

101 Men in Horror Movies – Part Two

MORRIS ANKRUM

LIONEL ATWILL

RALPH BATES

MICHAEL BERRYMAN

BRUCE CAMPBELL

RICHARD CARLSON

BRAD DOURIF

ROBERT ENGLUND

GUNNAR HANSEN

DOUG JONES

DANIEL KALUUYA

TYLER MANE

DICK MILLER

VINCENT PRICE

MICHAEL ROOKER

TOM SAVINI

MAX SCHRECK

CHRISTOPHER WALKEN

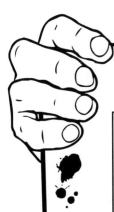

```
N R U H S A V I N I H U C
A N K R U M L M O N K W K
M I L L E R B E M Y E T M
Y F L C G N K A L U U Y A
R Y I A A N G S P S N W S
R N T R U T E L P U V A E
E N L L U P W S U K U L O
B D C S L O B I N N C K H
P L D O E N D V L A D E S
T N G N S C O T M L H N C
B P H B M V I P B J S G H
W S S E T A B R O O K E R
N P G C F E N N P Y O D E
W R P G L R E E E G N D C
V L Y L K S C T S T O G K
```

The Horror at Red Hook
by H. P. Lovecraft – Part Two (excerpt)

…Another moment and it had reached its goal, whilst the trailing throng laboured on with more frantic speed. But they were too late, for in one final spurt of strength which ripped tendon from tendon and sent its noisome bulk floundering to the floor in a state of jellyish dissolution, the staring corpse which had been Robert Suydam achieved its object and its triumph. The push had been tremendous, but the force had held out; and as the pusher collapsed to a muddy blotch of corruption the pedestal he had pushed tottered, tipped, and finally careened from its onyx base into the thick waters below, sending up a parting gleam of carven gold as it sank heavily to undreamable gulfs of lower Tartarus. In that instant, too, the whole scene of horror faded to nothingness before Malone's eyes; and he fainted amidst a thunderous crash which seemed to blot out all the evil universe.

G H P M U I R T S M H O B
N O E D E S E T A T S B L
I E U C E S A L G F B J O
T G V G R R R N O D N E T
R U P R I O E E K H F C N
A L D N A R F T V G W T O
P F G F T C B K T I D Y I
G S H S U P M A L O N E S
D E H C A E R F K M T U O
G N I L I A R T O C Y Y M
O P F C F A Y M Y D I E E
N F A I N T E D A E K H A
Y N N T G N W M U D D Y T
X A I N T A R T A R U S R
L C O R R U P T I O N P Y

103 Paranormal and Supernatural Words

ASTRAL

DIVINE

ENERGY

ETHEREAL

EXORCISM

EXTRASENSORY

FANTASY

HORROR

LEVITATION

MAGIC

MYSTIC

OCCULT

PHENOMENA

PSEUDO

SENSE

SPECTRAL

SPIRITUAL

WEIRD

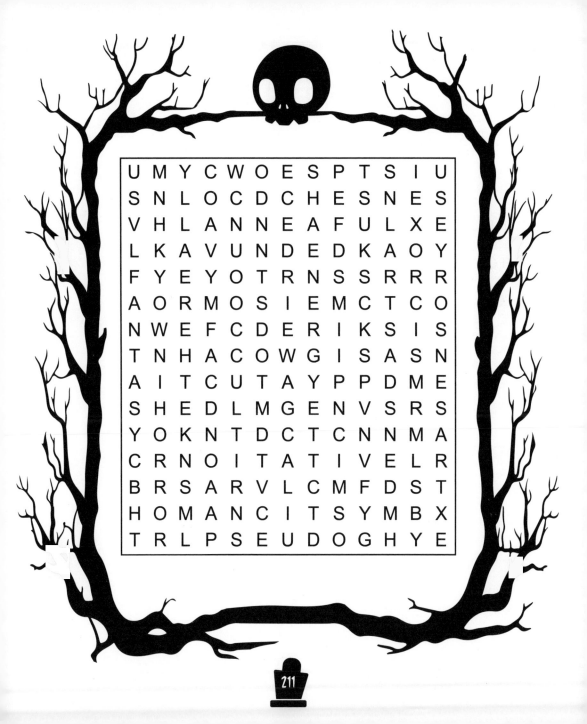

```
U M Y C W O E S P T S I U
S N L O C D C H E S N E S
V H L A N N E A F U L X E
L K A V U N D E D K A O Y
F Y E Y O T R N S S R R R
A O R M O S I E M C T C O
N W E F C D E R I K S I S
T N H A C O W G I S A S N
A I T C U T A Y P P D M E
S H E D L M G E N V S R S
Y O K N T D C T C N N M A
C R N O I T A T I V E L R
B R S A R V L C M F D S T
H O M A N C I T S Y M B X
T R L P S E U D O G H Y E
```

104

Setting the Scene

COBWEBS

CREAKING DOOR

DARKNESS

FLOOD

FOG

FOOTSTEPS

FULL MOON

MIST

NOISES

OCEAN HARP

RAIN

SCREAMING

SILENCE

STACCATO VIOLIN

STORM

STRONG WIND

THUNDER

WATERPHONE

```
N C G E N O H P R E T A W
I R L D S N M M T B L D O
L E K U S I O L I G O E U
O A P K S S H I U R P S M
I K D T S H S P S R A E L
V I D O C P V E A E C V H
O N N T O E E H N N S S F
T G I B B L N T E K C O T
A D W R W A F L S R R H R
C O G F E G I B E T U A E
C O N C B S R A I N O S D
A R O I S K M O D N T O A
T M R O Y I H E C O G O F
S Y T M N C R A R W R R P
I W S G N O O M L L U F R
```

105

The Silence of the Lambs
by Thomas Harris

CANNIBAL	MARYLAND
CHIANTI	MENTAL
CHILDHOOD	MOTH
FAVA BEANS	NIGHT VISION
GOGGLES	PUPA
HANDCUFFS	SERIAL KILLER
THOMAS HARRIS	CLARICE STARLING
HANNIBAL LECTER	TROUBLED
LIVER	VICTIM

```
C F H A W M I T C I V M C
A F A S C H V V S W C U N
N D N W E F L Y W H G G U
N K D O G L B I I E D D Y
I Y C E M R G A V R N E V
B S U F Y A N G R E D L P
A I F G A T R E O O R B P
L R F A I V T Y O G Y U R
S R S C H C A H L W P O A
L A T N E M D B M A A R V
A H E L B L D D E O N T I
A B R K I L L E R A T D S
E O K H G I G E T F N H I
E P C S T A R L I N G S O
S Y I E R V I N F O H B N
```

215

On the Soundtrack

AMERICAN PSYCHO – HIP TO BE SQUARE – HUEY LEWIS AND THE NEWS

AN AMERICAN WEREWOLF IN LONDON – BAD MOON RISING – CREEDENCE CLEARWATER REVIVAL

AN AMERICAN WEREWOLF IN LONDON – BLUE MOON – SAM COOKE

BEETLEJUICE – BANANA BOAT – HARRY BELAFONTE

BRIDE OF CHUCKY – LIVING DEAD GIRL – ROB ZOMBIE

DAWN OF THE DEAD – WHEN THE MAN COMES AROUND – JOHNNY CASH

DONNIE DARKO – MAD WORLD – GARY JULES

FINAL DESTINATION – ROCKY MOUNTAIN HIGH – JOHN DENVER

INSIDIOUS – TIPTOE THROUGH THE TULIPS – TINY TIM

IT – DEAR GOD – XTC

SCREAM – RED RIGHT HAND – NICK CAVE AND THE BAD SEEDS

SCREAM – SCHOOL'S OUT – ALICE COOPER

THE EXORCIST – TUBULAR BELLS – MIKE OLDFIELD

THE SHINING – MIDNIGHT, THE STARS AND YOU – AL BOWLLY

THE SILENCE OF THE LAMBS – GOODBYE HORSES – Q LAZZARUS

THE THING – SUPERSTITION – STEVIE WONDER

ZOMBIELAND – FOR WHOM THE BELL TOLLS – METALLICA

```
D G N I S I R E L M S A E
K N D U T E N D A S R W O
S L U G Y V O N B Y T A W
U Q K O P G A T K E G R F
P E U R R N W I P D L A B
E S Y A A A S N G I A L T
R S E B R V T L M N T U U
S D D V D E I C O O O B L
T A V O T O H H G O H U I
I Y P V W H O W M M H T P
T L I V I N G G M E P C S
I T H G I N D I M U D C S
O D N M A D W O R L D K E
N Y H C A E S K Y B U Y W
H L D H R N W Y K C O R F
```

107 Nosferatu

BEAUTY

CARPATHIAN MOUNTAINS

CASTLE

COFFIN

CRYPT

GERMAN

THOMAS HUTTER

MIDNIGHT

NECK

PLAGUE

PUNCTURE

SACRIFICE

MAX SCHRECK

TRANCE

TRANSYLVANIA

UNCONSCIOUS

VAMPIRE

WISBORG

```
V F O T H G I N D I M H U
S N F E T R A N C E R T N
C A T I P L A G U E R R C
H I S E V M O T B A A N O
R H P A R U E O N K S U N
E T I E C R F S R G O F S
C A G F I R Y T U A E B C
K P R P D L I N N P B E I
Y R M E V W I F U E C P O
G A A A T F I N I A C T U
V C N O F T C S S C P K S
L I E O I T U T B Y E A S
A H C B U Y L H R O B I B
A V L R K E H C C M R P Y
S Y E W D M E P M L I G A
```

Alien

AIR DUCTS	EGGS
BRETT	JOHN HURT
CAPTAIN	KANE
CHAMBER	LAMBERT
CONVULSE	NOSTROMO
CORROSIVE	PARASITE
CREATURE	ELLEN RIPLEY
DALLAS	SHUTTLE
EARTH	SIGOURNEY WEAVER

```
A A U N H M A O U E R D L
N W E V N E W S G N B U U
I E V T I O R H G A K F D
A A A F H B S U D K N W A
T V A R H R H T T T I C L
P E I U T T O T R A M O L
A R R F I H T L R O E R A
C T D R I P L E Y P M R S
L V U T F E B K R A O O C
A A C D V M R D R B F S D
M U T L A T M D E V Y I A
B R S H S S D G N A G V K
E L C V N T G R I I I E N
R P E T I S A R A P I H T
T C O N V U L S E A F W R
```

Halloween

ATTACK

BABYSITTER

JOHN CARPENTER

CHILD

CRAZY

EXPLOSION

FLAMES

ILLINOIS

INCARCERATE

SAMUEL LOOMIS

MURDER

MICHAEL MYERS

PATIENT

SANITARIUM

SEQUELS

SISTER

STALKS

LAURIE STRODE

```
Y H T C A D S V O T U V T
G M S I L L I N O I S O L
H D U R S I R L R O G C F
R D V I H H L O O M I S S
N E H M R C A T I V C T S
D C T N Y A N S U W A Y Y
S W A T O E T O E L D Z B
E I K R I I R I K M A E N
Q U S T P S S S N R A A I
U R A T T E Y O C A T L D
E P C R E N N B L T S V F
L Y O R C R K T A P I P T
S D I K L B D C E B X B F
E C V O O I K M U R D E R
R E T A R E C R A C N I I
```

110 Wes Craven

CURSED

DEADLY BLESSING

DEADLY FRIEND

DIRECTOR

FRANCHISE

GURU OF GORE

HORROR

PRODUCER

RED EYE

SCREENWRITER

SLASHER

SULTAN OF SHOCK

SWAMP THING

THE HILLS HAVE EYES

THE PEOPLE UNDER THE STAIRS

THE SERPENT AND THE RAINBOW

VAMPIRE IN BROOKLYN

WES CRAVEN'S NEW NIGHTMARE

U R E T I R W N E E R C S
L P B R O O K L Y N I V G
L L M R K S D E S R U C N
B D S A T O D T T D E D I
N A O A W E A R I M R I S
O R I Y R S A R D S O E S
P R O D U C E R V U G F E
S V R R S C O M U L F R L
L C D K T R P A C T O A B
A F K O R L L P N A U N B
S U R O T I P E P N R C N
H Y H I E F P Y U P U H F
E P H Y E R A M T H G I N
R T E D E N A D D S I S P
N S Y S R F D C G E M E A

111 The Wailing Well
by M.R. James (excerpt)

He looked at the field, and there he saw a terrible figure—something in ragged black—with whitish patches breaking out of it: the head, perched on a long thin neck, half hidden by a shapeless sort of blackened sun-bonnet. The creature was waving thin arms in the direction of the rescuer who was approaching, as if to ward him off: and between the two figures the air seemed to shake and shimmer as he had never seen it…. With a sudden and dreadful sinking at the heart, he caught sight of someone among the trees, waiting: and again of someone—another of the hideous black figures—working slowly along the track from another side of the field, looking from side to side, as the shepherd had described it. Worst of all, he saw a fourth—unmistakably a man this time—rising out of the bushes a few yards behind the wretched Stanley, and painfully, as it seemed, crawling into the track.

```
D G N D C C R E A T U R E
L N H E E T R A C K S E L
E I I I D H W A B W K F O
I K G S D D C O W A D R O
F N T S S D U R H L S O K
R I Y E E E E S E O I M I
E S W D N H L N M P F N N
U B O N W N C E S D B F G
C G R I E T O T P R U E A
S N K H F N A B A A S R H
E I I E E N S G N P H I T
R T N B L M G C Y U E S R
N I G E R E M M I H S I U
A A Y A D F I G U R E N O
M W P A I N F U L L Y G F
```

Solutions

1

2

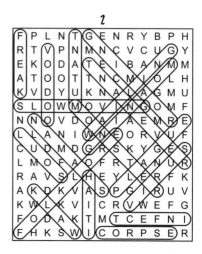

3

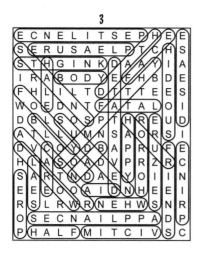

4

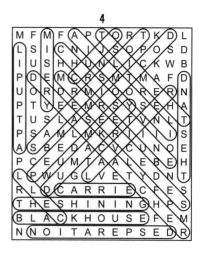

Solutions

5

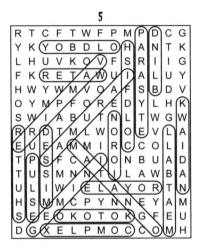

6

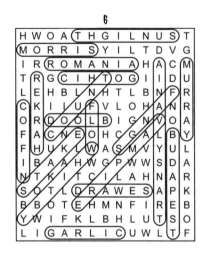

7

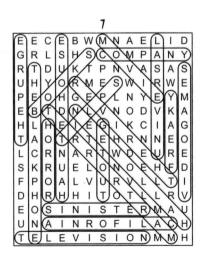

8

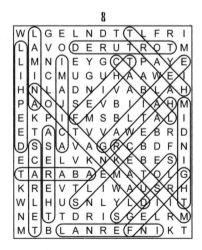

Solutions

9

10

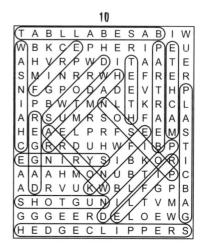

11

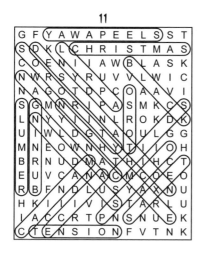

12

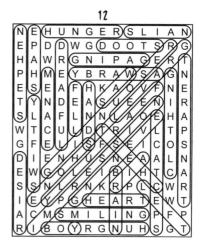

230

Solutions

13

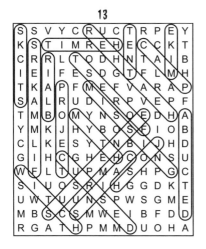

```
S S V Y C R U C T R P E Y
K S T I M R E H E C C K T
C R R L T O D H N T A I B
I E I F E S D G T F L M H
T K A P F M E F V A R A P
S A L R U D I R P V E P F
T Y M B O M Y N S O E D H A
Y M K J H Y B O S F I O B
C L K E S Y T N B I H D
G I H C G H E H C O N S U
W E L T U P M A S H P G C
S I U O S R I H G G D K T
U W T U U N S P W S G M E
M B S C S M W E I B F D D
R G A T H P M M D U O H A
```

14

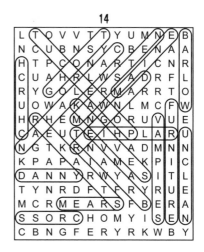

```
L T O V V T T Y U M N E B
N C U B N S Y C B E N A A R L
H T P C O N A R T I C N R L
C U A H R L W S A D R F L O
R Y G O L E R M A R R T O
U O W A K A W N L M C F W
H R H E M N G O R U V U E
C A E U T E I H P L A R U N
N G T K R N V V A D M N C
K P A P A J A M E K P I C L
D A N N Y R W Y A S I T E A
T Y N R D F T F R Y R U E R A
M C R M E A R S F B E R N
S S O R C H O M Y I S E N
C B N G F E R Y R K W B Y
```

15

```
D F M B W F L E N U C A R
F A D K D E V U U S G O E
L Y S P I E L B E R G D P
M M G D T T W M P L M A O
A U B S K U E S L F E N O
R A E T M D S Y A F Y R H
T B G E I S E T E C B O E
H D I U N D A N A S G T B
A U M S T T E L A T I H O
L C E R R H T S P I I O T
E T E A U Y S V P O D C N
S I C G S M A T K R T V O
H O R D I M E L P F O C E
B N O R O B B I E P M C E
B P F B N C A R O L A N N
```

16

```
T G W E L B I S I V N I S
L V M D F G E P G S G S Y
F E G R U P D L F F L D B
C H L S F R H M K T M L N
I S B E I R R A C O T I M
L E P R E C H A U N V H S
T U L M N S A W Y U E C T
K Y K M H A H W V R R O E
C S A N S I M R Y E C S H
F L U D I T R Y A H A E C T
V I O D I G R M D L S D A
H T H W S R H E M N S K H
A H G Y N B F T E K A E H
Y E V C C S R W K T M C T
D R N B N E E W O L L A H
```

231

Solutions

17

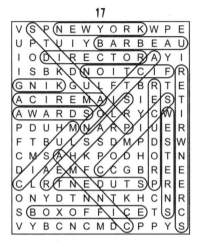

18

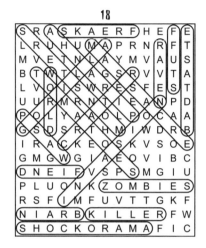

19

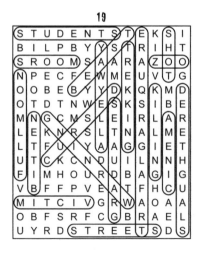

20

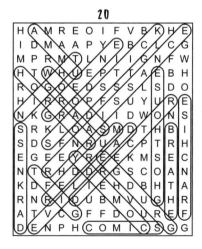

Solutions

21

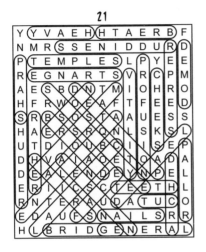

22

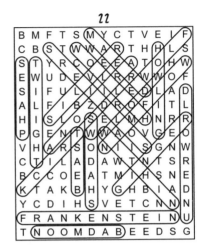

23

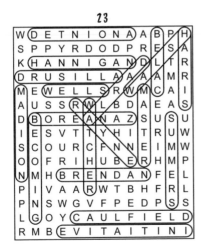

24

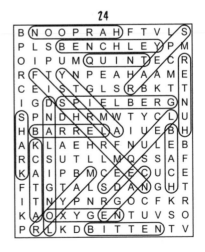

Solutions

25

26

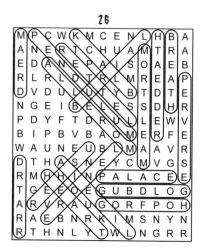

27

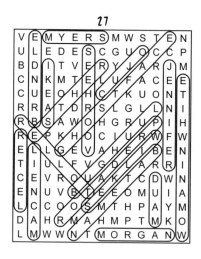

28

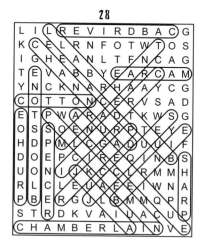

Solutions

29

30

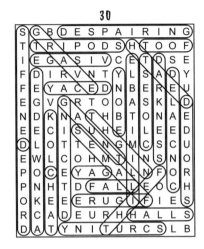

31

32

Solutions

33

O	I	U	E	E	R	A	M	T	H	G	I	N
E	H	O	I	M	G	T	A	D	Y	I	G	S
V	A	I	B	O	N	D	K	M	L	K	S	A
S	U	N	M	S	I	B	M	L	D	C	Y	P
E	N	A	O	H	K	S	Y	K	O	O	P	S
V	T	S	Z	T	C	F	E	G	G	Y	T	A
I	I	T	U	A	O	V	H	D	N	K	E	P
S	N	Y	R	O	H	E	U	Y	U	S	R	E
L	G	Y	N	L	S	H	M	E	U	U	R	T
U	E	L	I	V	Y	U	L	A	Y	R	I	R
P	G	N	I	V	R	E	N	N	U	E	F	I
E	N	F	L	D	W	F	K	U	G	L	Y	F
R	O	H	E	Y	G	E	U	H	R	L	I	I
B	W	R	O	D	C	M	D	T	K	I	N	E
T	T	N	E	M	R	O	T	I	N	K	G	D

34

H	T	A	E	D	H	K	D	U	C	B	S	N
S	S	O	C	Y	R	A	U	T	R	O	M	M
E	T	N	G	W	I	F	N	I	R	A	V	O
H	I	I	I	O	C	A	R	C	A	S	S	R
S	F	L	W	A	F	L	E	S	H	G	E	G
A	F	C	R	E	M	A	T	E	D	M	U	U
S	A	A	L	P	D	E	I	R	U	B	V	E
H	P	T	N	V	R	B	R	H	L	V	W	Y
R	Y	R	N	O	D	K	X	A	O	W	T	E
O	U	U	I	N	T	E	R	N	M	E	N	T
T	Y	L	F	Y	A	E	B	M	O	T	H	O
T	P	H	L	C	N	G	L	Y	R	U	S	T
E	M	E	W	U	H	T	A	E	R	W	B	N
N	E	V	F	H	K	A	K	H	K	H	M	A
F	S	L	U	K	L	S	B	C	T	S	N	M

35

D	F	W	O	H	T	W	C	S	Y	T	E	H
E	R	E	T	R	A	T	S	E	R	I	F	A
N	U	H	S	R	K	D	P	O	B	C	U	L
M	C	R	D	G	T	L	U	A	S	S	A	L
A	H	P	A	D	A	B	P	M	S	K	O	O
D	R	U	R	T	L	B	E	U	L	B	M	W
E	I	A	K	E	S	M	Y	V	O	A	S	E
T	S	G	O	P	O	K	B	D	D	U	S	E
H	T	G	N	I	H	T	R	N	O	D	E	N
E	I	S	R	A	F	P	E	A	R	B	N	E
M	N	S	G	H	O	S	T	S	D	U	K	W
E	E	H	T	C	S	C	V	M	I	E	R	Y
S	T	A	R	M	A	N	N	G	M	N	A	O
H	U	I	S	E	R	I	P	M	A	V	D	R
E	N	Y	Y	E	S	S	V	A	N	V	V	K

36

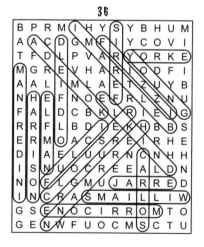

B	P	R	M	I	H	Y	S	Y	B	H	U	M
A	A	C	D	G	M	F	I	Y	C	O	V	I
T	F	D	L	P	V	A	R	Y	O	R	K	E
M	G	R	E	V	H	A	R	I	O	D	F	I
A	A	L	I	M	L	A	E	T	Z	U	Y	B
N	H	E	F	N	O	E	F	R	L	Z	N	U
F	A	L	D	C	B	K	L	R	I	E	I	G
R	R	F	L	B	D	I	E	K	H	B	B	S
E	R	M	O	A	C	S	R	E	I	R	H	E
D	I	A	E	L	U	U	R	N	C	N	H	H
I	S	N	U	O	C	R	E	E	A	L	D	N
N	O	F	L	G	M	U	J	A	R	R	E	D
I	N	C	R	A	S	M	A	I	L	L	I	W
G	S	E	N	O	C	I	R	R	O	M	T	O
G	E	N	W	F	U	O	C	M	S	C	T	U

Solutions

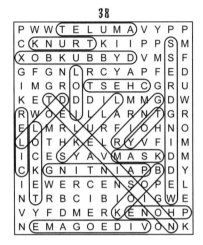

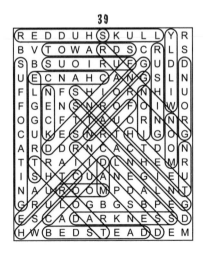

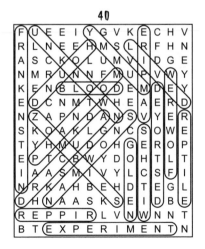

Solutions

41

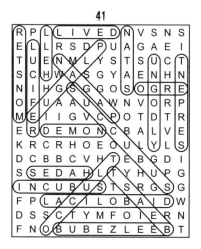

42

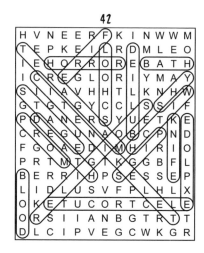

43

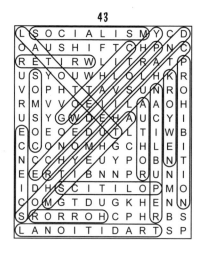

44

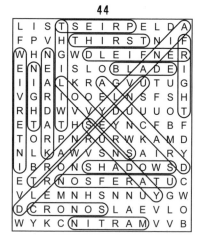

Solutions

45

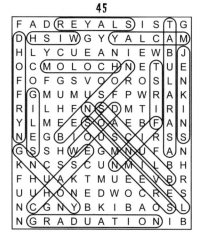

```
F A D R E Y A L S I S T G
D H S I W G Y Y A L C A M
H L Y C U E A N I E W B J
O C M O L O C H N E T U E
F O F G S V O O R O S L N
F G M U M U S F P W R A K
R I L H F N S D M T I R I
Y L M E E S O A E B F A N
N E G B I O U S C I R S S
G S S H W E G M N U F A N
K N C S S C U N M I L B H
F H U A K T M U E E V B R
U U H O N E D W O C R E S
N C G N Y B K I B A O S L
N G R A D U A T I O N I B
```

46

```
F H I N S I D I O U S E Y
W S E L A N S Y Y N W N T
S T V L H L T V C K C I Y
S M U E L I O W C O V T N
E H C C V R A F N R I S P
N E D I I I A J E T I I E
K E T E L T U I N D F R L
R C L I I R C E S U P H L
A G N L I I M E S E R C I
D G T N A T V S N G R G V
E M G O P F W E N N C K Y
M J E N N I F E R S O V T
O S E S T I G M A T A C I
N D R C S I N I S T E R M
S S H M S I C R O X E W A
```

47

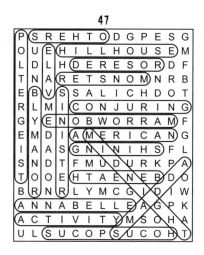

```
P S R E H T O D G P E S G
O U E H I L L H O U S E M
L D L H D E R E S O R D F
T N A R E T S N O M N R B
E B V S S A L I C H D O T
R L M I C O N J U R I N G
G Y E N O B W O R R A M F
E M D I A M E R I C A N G
I A A S G N I N I H S F L
S N D T F M U D U R K P A
T O O E H T A E N E B D O
B R N R L Y M C G I D I W
A N N A B E L L E A G P K
A C T I V I T Y M S O H A
U L S U C O P S U C O H T
```

48

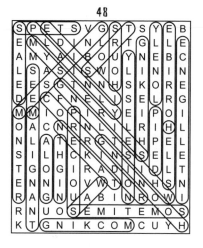

```
S P E T S V G S T S Y E B
E M L D I N L R T G L L E
A M Y A I B O U Y N E B C
L S A S S W O L I N I N E
E E S G T N N H S K O R E
D E C F N E L I S E L R G
M M I O P I R Y E I P O I
O A C N R L L I L R I H H
N L A T E R G T E H P E L
S I L H C K I N S S E L T
T G O G I R A D I I D L N
E N N I O V W T O N H S T
R A G N U A B I N R O W I
R N U O S E M I T E M O S
K T G N I K C O M C U Y H
```

Solutions

49

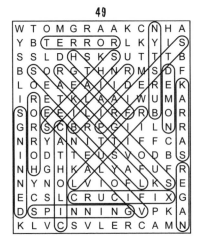

50

51

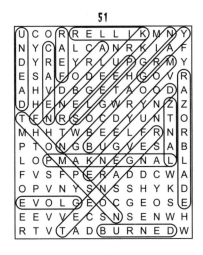

52

Solutions

53

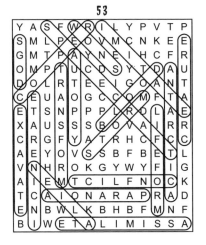

54

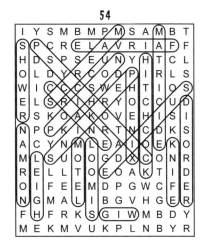

55

56

Solutions

57

58

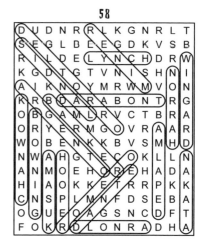

59

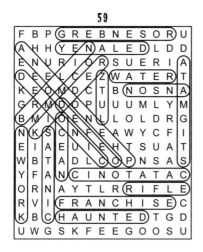

60

Solutions

61

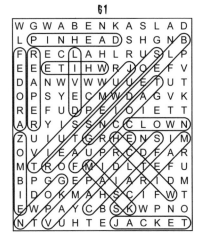

62

63

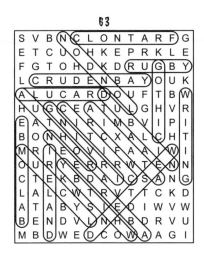

64

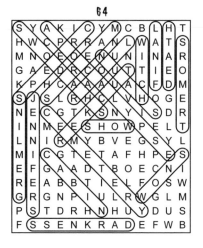

Solutions

65

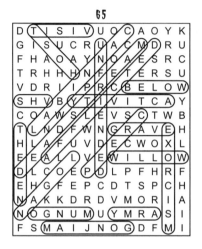

66

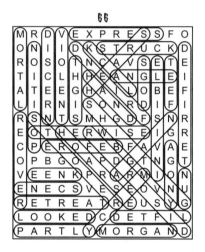

67

68

Solutions

69

```
U D D L L V S U A L T K Y
E U Y R A Y W H D I P U D
Y B D A B U C T N A G N K
K O R I U K T T G N L A N
R E D R U M M I F G L G M
B L H E E R K A R N I R T
E I R T B M O N T A V O F
I H L S C R A T C H E S A
C N G Y N V E I C G D E R
I H H H K A I C B A L M C
N Y N U V R I H K A W A H
A T A E M W A R G W B R C
T I N D V A F I D V Y Y T
A U P R Y O N S C A R L I
S G O T H I C T H E M T W
```

70

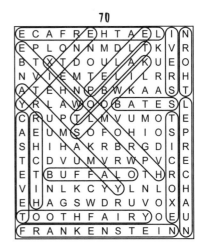

```
E C A F R E H T A E L I N
E P L O N N M D L T K V R
B T X T D O U L A K U E O
N V I E M T E I L R R H T
A T E H N P B W K A A S T
Y R L A W O O B A T E S L
C R U P T L M V U M O T E
A E U M S O F O H I O S P
S H I H A K R B R G D I R
T C D V U M V R W P V C E
E T B U F F A L O T H R C
V I N L K C Y Y L N L O H
E H A G S W D R U V O X A
T O O T H F A I R Y O E U
F R A N K E N S T E I N N
```

71

```
H E N E M P C F M A M F G
P F E A V U B G P R E E N
G I P C V H W W O L I R O
M N O K A Y F R I D A Y I
S K E D A C R S E S A G T
D U R H E O H D O L M H I
B S M D H R E E Y A B T T
L T A M I G T C R S U N S
O A W N E O E A N H L E R
O F E P M R H P H E A E E
D F W Y O Y C I A R N T P
N I R K K D A T A E C R U
H O C K E Y M A S K E I S
R E V E N G E T D I H H N
E I E L U S V E O N C T S
```

72

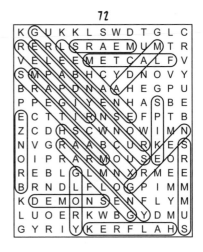

```
K G U K K L S W D T G L C
R E R L S R A E M U M T R
V E L E E M E T C A L F V
S M P A B H C Y D N O V Y
B R A P D N A A H E G P U
P P E G I Y E N H A S B E
E C T T I R N S E F P T B
Z C D H S C W N O W I M N
N V G R A A B C U R K E S
O I P R A R M O U S E O R
R E B L G L M N X R M E E
B R N D L F L O G P I M M
K D E M O N S E N F L Y M
L U O E R K W B G Y D M U
G Y R I Y K E R F L A H S
```

245

Solutions

73

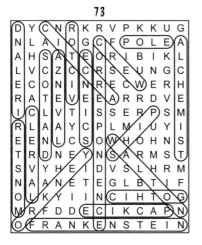

74

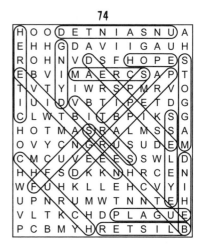

75

76

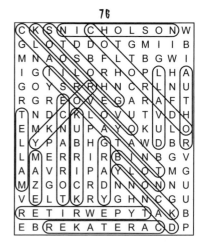

Solutions

77

78

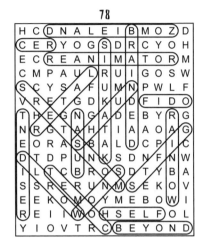

79

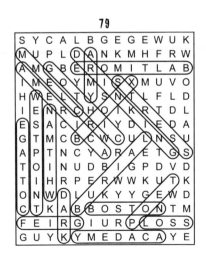

80

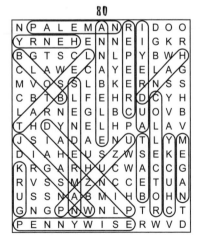

Solutions

81

82

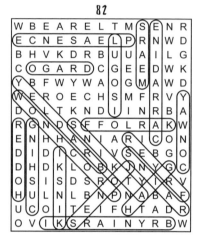

83

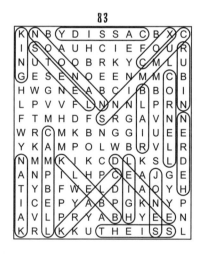

84

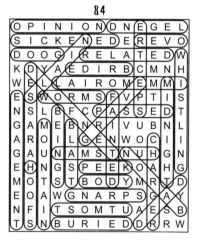

Solutions

85

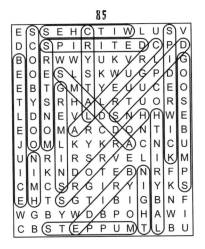

86

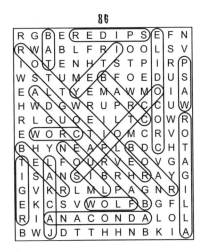

87

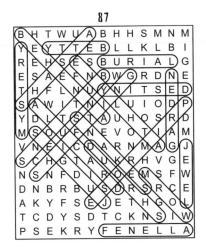

88

Solutions

89

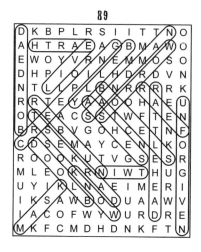

90

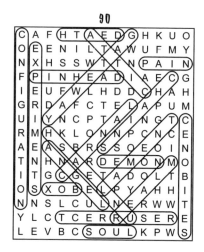

91

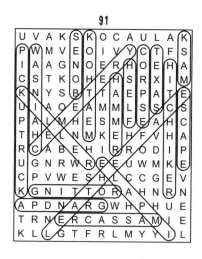

92

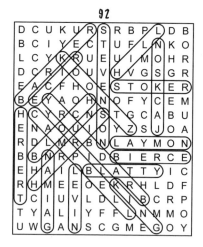

Solutions

93

94

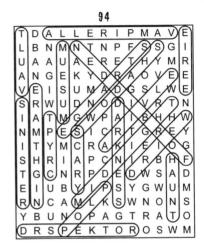

95

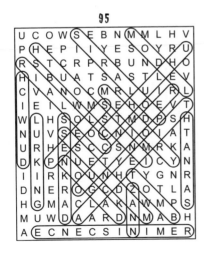

96

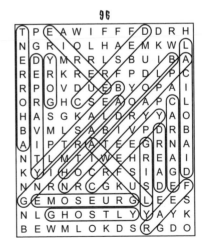

Solutions

97

98

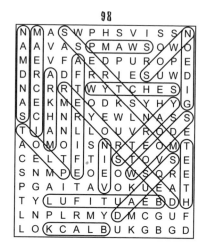

99

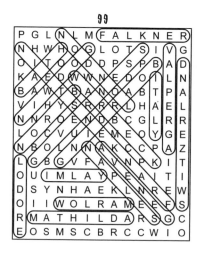

100

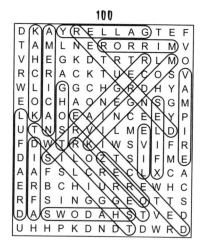

Solutions

101

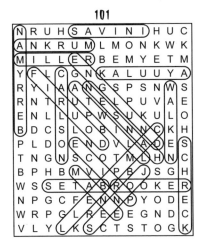

102

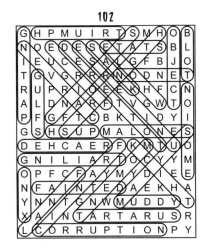

103

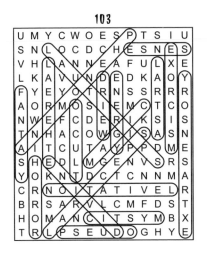

104

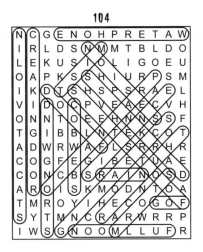

Solutions

105

106

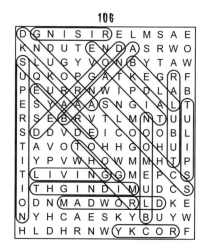

107

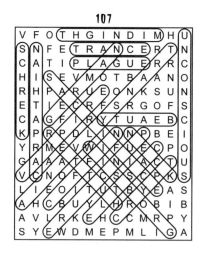

108

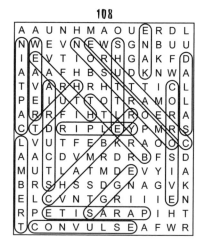

Solutions

109

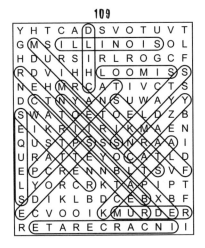

110

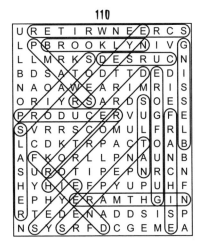

111

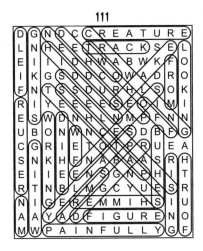